LE FIDÈLE BERGER,

OPÉRA-COMIQUE EN TROIS ACTES,

Par MM. Scribe et de Saint-Georges,

MUSIQUE DE M. ADAM,

REPRÉSENTÉ POUR LA PREMIÈRE FOIS, A PARIS, SUR LE THÉATRE ROYAL DE L'OPÉRA-COMIQUE, LE 6 JANVIER 1838.

PERSONNAGES.	*ACTEURS.*	*PERSONNAGES.*	*ACTEURS.*
ISIDORE COQUEREL, confiseur, rue des Lombards, à l'enseigne du *Fidèle Berger*...	M. CHOLLET.	SERREFORT, exempt de police.	M. GRIGNON.
Mme BERGAMOTTE, parfumeuse, sa voisine......	Mme BOULANGER.	DUBOIS, valet de chambre du comte............	M. DESLANDES.
ANGÉLIQUE, sa fille......	Mlle JENNY COLON.	TOINON, demoiselle de boutique de Coquerel.	
LE COMTE DE COASLIN...	M. TILLY.	POISSARDES, CHOEURS D'HOMMES ET DE FEMMES DU PEUPLE.	
LA COMTESSE, sa femme...	Mlle ROSSI.		

La scène se passe à la fin du règne de Louis XV. Le premier et le troisième acte à Paris, chez Coquerel. Le deuxième à Chaville, dans le château du comte de La Vrillière.

ACTE PREMIER.

Le théâtre représente la boutique d'un confiseur. Au fond, porte vitrée donnant sur la rue des Lombards. A droite, une porte donnant sur une petite rue. A gauche, une porte conduisant dans la chambre de Coquerel. Au lever du rideau, plusieurs demoiselles de boutique sont assises autour d'une table et enveloppent des bonbons avec des devises dans des papiers de différentes couleurs qu'on appelle *Papillottes*.

SCÈNE PREMIÈRE.

CHŒUR DES JEUNES FILLES.

Ah! quel état plein de douceurs,
Qu'ils sont heureux, les confiseurs!

PREMIÈRE DEMOISELLE.

Tortillons, mesdemoiselles,
Ces papillotes nouvelles.

TOINON.

Mais d'abord examinons,
Voyons par expérience
La qualité des bonbons;
Car dans ce que nous vendons
Il faut de la conscience!

Toutes se mettent à manger des bonbons.

CHŒUR.

Ah! quel état plein de douceurs,
Qu'ils sont heureux les confiseurs!

SCÈNE II.

LES PRÉCÉDENS, COQUEREL, *poudré à blanc, le tablier attaché à la ceinture et tenant à la main un tamis plein de marrons glacés. Il entre au moment où toutes les petites filles sont levées et mangent des bonbons.*

COQUEREL.

A merveille, mesdemoiselles!...
Elles retournent vivement s'asseoir près de la table et se remettent à travailler.
Je vous y prends, car j'étais là!
A part.
On n'est pas plus gourmande qu'elles,
Et tout mon fonds y passera!
S'avançant au bord du théâtre.
Est-il un état plus critique?
En ce jour, ma prospérité

Dépend de la fidélité
Des demoiselles de boutique.
CHOEUR, *tout en travaillant.*
Ah ! quel état plein de douceurs,
Qu'ils sont heureux les confiseurs !
COQUEREL, *toujours sur le devant du théâtre.*
Dans mon cœur, où l'amour fit brèche,
Pas un seul instant de repos !
Et plus encor que mes fourneaux,
L'amour me brûle et me dessèche.
CHOEUR, *des jeunes filles.*
Ah ! quel état plein de douceurs,
Qu'ils sont heureux les confiseurs !
COQUEREL, *avec impatience et se retournant vers elles.*
Taisez-vous donc !... ici leur maudit bavardage
M'empêche de rêver à l'objet qui m'engage.
A part.
Belle Angélique !... ô mes amours !
O ma gentille parfumeuse !
Toi que mon cœur attend toujours,
Viens calmer ma flamme amoureuse !...
Regardant par la porte du fond.
O ciel !... ô ciel !... en croirai-je mes yeux ?
C'est Angélique !... et sa mère en ces lieux !

SCENE III.

LES PRÉCÉDENS, Mme BERGAMOTTE et ANGÉLIQUE, *entrant par la porte du fond.*
COQUEREL, *allant au-devant d'elles.*
Madame Bergamotte et sa fille avec elle !
Mme BERGAMOTTE.
Oui, mon très-cher voisin.
COQUEREL.
Vous du quartier Lombard
La plus riche marchande... ainsi que la plus belle,
A qui d'un tel bonheur dois-je ici le hasard ?
ANGÉLIQUE.
PREMIER COUPLET.
Je suis marraine !
Le parrain s'en rapporte à nous,
Ma volonté sera la sienne !
De vos bonbons... choisissez-nous
Et les meilleurs et les plus doux...
Je suis marraine !
DEUXIÈME COUPLET.
Je suis marraine !
On pourrait, à ce bouquet blanc,
Croire qu'un autre nœud m'enchaîne,
Mais il n'en est rien cependant,
Et je me dis en soupirant :
Je suis marraine !
COQUEREL, *vivement, à Angélique et à demi-voix.*
Ah ! s'il ne dépendait que de nous...
Mme BERGAMOTTE.
Eh bien donc,
Servez-nous !
COQUEREL.
Ah ! de moi vous serez satisfaites !
Mme BERGAMOTTE.
Notre aimable parrain, en homme de bon ton,
Viendra prendre tantôt et payer nos emplettes.
A sa fille.
Ainsi donc, mon enfant, choisissons sans façon ?
S'approchant du comptoir où sont plusieurs corbeilles de bonbons dont elle lit les étiquettes ; s'adressant aux femmes.
RONDE.
COQUEREL.
PREMIER COUPLET.
A plaire à chacun je m'attach

Et l'on trouve à mon magasin
Les chocolats et la pistache,
La praline et le diablotin !
De mon enseigne souveraine
La vertu doit me protéger...
Jeune parrain... jeune marraine,
Venez au *Fidèle Berger* !

CHOEUR DES JEUNES FILLES.
Jeune parrain, jeune marraine,
Venez au *Fidèle Berger* !
DEUXIÈME COUPLET.
ANGÉLIQUE.
Souvent une enseigne est trompeuse,
Et l'on dit que plus d'une fois,
Comptant sur l'annonce flatteuse,
On s'est repenti de son choix !
Mais moi, monsieur, j'ai confiance,
Et ne crains pas un tel danger...
Voilà pourquoi de préférence
Je viens au *Fidèle Berger* !
COQUEREL.
TROISIÈME COUPLET.
Bonbons de noce et de baptême,
Ici j'en ai pour tous les goûts.
ANGÉLIQUE.
Eh bien ! choisissez-les vous-même !
COQUEREL.
Ah ! je choisirais les plus doux !
ANGÉLIQUE.
Oui, vous aurez ma clientelle.
COQUEREL.
Surtout n'allez jamais changer
Et demeurez toujours fidèle.
TOUS.
Toujours fidèle
Au *Fidèle Berger* !

SCENE IV.

LES PRÉCÉDENS, POISSARDES *et* HOMMES DU PEUPLE.
CHOEUR DE POISSARDES, *tenant des bouquets et entrant dans la boutique.*
Pour nous quelle bonne aubaine,
Nous apportons en ces lieux
Au parrain, à la marraine
Et nos bouquets et nos vœux !
Mme BERGAMOTTE, *aux poissardes qui l'entourent.*
De pareils dons je suis peu curieuse,
De vos bouquets je ne veux pas !
PREMIÈRE POISSARDE.
Mais voyez donc la parfumeuse,
Fait-elle ici ses embarras !
DEUXIÈME POISSARDE.
Flairez-moi ça !
Mme BERGAMOTTE.
Je n'en veux pas !
PREMIÈRE POISSARDE.
Les belles fleurs !...
Mme BERGAMOTTE.
Je n'en veux pas !
TOUTES, *l'environnant.*
Pour nous quelle bonne aubaine !
Nous apportons en ces lieux,
Au parrain, à la marraine,
Et nos bouquets et nos vœux !
Mme BERGAMOTTE, *avec impatience.*
Ah ! c'en est trop !

PREMIÈRE POISSARDE.
　　　　Prenez donc garde,
Madame compromet son rang!
　　　Mᵐᵉ BERGAMOTTE.
Ce n'est pas nous que ça regarde;
C'est le parrain!
　　　　TOUTES.
　　Le parrain?
　　　　COQUEREL.
　　　　　　Oui vraiment!
　　　PREMIÈRE POISSARDE.
Où donc est-il, ce beau parrain?
　　　　COQUEREL.
　　　　　　Absent!
Vous le voyez!
　　　PREMIÈRE POISSARDE.
　　Eh bien! qu'importe?
De quoi se mêle ici ce roi des Céladons?
　　　DEUXIÈME POISSARDE.
C'est tout sucre et tout miel!
　　　PREMIÈRE POISSARDE.
　　C' n'est pas comm' ses bonbons!
　　　COQUEREL, avec dignité.
Sortez!
　　　PREMIÈRE POISSARDE.
　Quoi, nous mettre à la porte?
Jour de Dieu!
　　　Mᵐᵉ BERGAMOTTE.
　　Quel ton!
　　　ANGÉLIQUE.
　　　　　Quelle horreur!

　　　ENSEMBLE.
　　　　CHOEUR.
　LES POISSARDES et LE PEUPLE.
Voyez donc ces bégueules!
On dirait qu'elles seules
Sav'nt parler comme il faut!
Madame fait la fière.
　A Coquerel.
Redoute ma colère,
Nous nous r'verrons bientôt!
　Mᵐᵉ BERGAMOTTE, ANGÉLIQUE.
Nous traiter de bégueules!
Quelle horreur d'être seules
Des femmes comme il faut.
　De cette harengère
Éloignons-nous, { ma chère,
　　　　　　　　{ ma mère,
Car c'est un vrai complot!
　　　COQUEREL.
Les traiter de bégueules!
　Aux poissardes et les menaçant.
Ah! si vous étiez seules
Pour vous il ferait chaud!
Voulez-vous bien vous taire!
Redoutez ma colère!
N'ajoutez pas un mot!
　　　COQUEREL.
Sortez!... sortez!... ou j'appelle la garde!
　　　PREMIÈRE POISSARDE.
Eh quoi! le galant confiseur
Se montre ici leur défenseur!
　　　DEUXIÈME POISSARDE.
Vois donc plutôt comme il la r'garde,
De la petit' c'est l'amoureux!
　　Mᵐᵉ BERGAMOTTE, avec indignation.
L'amoureux!...
　　　DEUXIÈME POISSARDE.
　　　　　Ou plutôt de la mère.

　　　PREMIÈRE POISSARDE.
Il en est capable, ma chère,
Tant il paraît audacieux!
　　　Mᵐᵉ BERGAMOTTE.
Je n'y tiens plus... quittons ces lieux!

　　　ENSEMBLE,
　　　LES POISSARDES.
Voyez donc ces bégueules,
On dirait qu'elles seules
Sont des dam's comme il faut!
　A Coquerel.
Et toi, beau dromadaire,
Redoute ma colère,
Nous nous r'verrons bientôt.
　Mᵐᵉ BERGAMOTTE et ANGÉLIQUE.
Nous traiter de bégueules!
Lorsqu'ici c'est nous seules
Qui sommes comme il faut.
　De cette harengère
Éloignons-nous, { ma chère,
　　　　　　　　{ ma mère,
Car c'est un vrai complot!
　　　COQUEREL.
Les traiter de bégueules!
　Aux poissardes et les menaçant.
Ah! si vous étiez seules,
Pour vous il ferait chaud!
Voulez-vous bien vous taire!
Redoutez ma colère,
N'ajoutez pas un mot!

Mᵐᵉ *Bergamotte sort par la porte du fond en emmenant Angélique; les poissardes sortent un instant après en menaçant Coquerel.*

SCÈNE V.

COQUEREL, *seul; puis* LE COMTE.

COQUEREL.

C'est le seul désagrément qu'on ait rue des Lombards... la proximité des Halles et la société intime de ces dames qui, sous prétexte qu'elles sont poissardes, offrent à tout le monde des injures et des bouquets... heureux encore qu'elles n'aient pas cassé mes bocaux... je tremblais pour eux... et pour cette pauvre Angélique; car pour Mᵐᵉ Bergamotte, sa mère, je n'y tiens pas... (*Regardant au fond.*) Qui vient là?... un homme comme il faut.

LE COMTE, *au fond du théâtre.*

Je n'aperçois pas la jolie parfumeuse à son comptoir... ni même dans sa boutique... Est-ce qu'il y aurait quelque événement?... au fait, cela regarde Dubois que j'ai envoyé à la découverte.

COQUEREL.

Monsieur vient, sans doute, pour des bonbons, dragées de noce et de baptême, conserves d'abricots, gelée de pommes, sirops, confitures, et généralement tout ce qui concerne mon état.

LE COMTE, *regardant autour de lui.*

En effet... je suis chez un confiseur.

COQUEREL.

Isidore Coquerel, au *Fidèle Berger*, rue des Lombards; un jeune homme qui vient de s'établir, qui n'a pas encore payé son fonds et qui a besoin de vendre.

LE COMTE.
En vérité... en ce cas, donnez-moi...
COQUEREL.
Des pastilles, des pistaches, des marrons glacés.....
LE COMTE.
Non... donnez-moi... une chaise... (*A part.*) Autant attendre ici que dans la rue... la boutique de la petite parfumeuse est juste en face... c'est très-commode... (*A Coquerel, qui lui apporte une chaise.*) Bien obligé !
COQUEREL.
Maintenant, que vous offrirai-je ? j'ai des fruits confits... j'ai des citrons... j'ai du cédrat... j'ai de l'orange...
LE COMTE, *à part.*
Si je pouvais savoir ce qu'il n'a pas... (*Haut.*) Je voudrais, mon cher, des... des... Comment appelez-vous cela ?
COQUEREL.
Des prâlines à la Pompadour.
LE COMTE.
Du tout... ce sont des bonbons... ou plutôt une manière de bonbons que je ne puis définir...
COQUEREL.
Des Chinois confits... on est venu m'en demander hier une corbeille pour Trianon... pour Mme de Pompadour, et il ne m'en reste plus.
LE COMTE, *vivement*.
Voilà justement ce que je voulais !... il m'en fallait quinze ou vingt livres... et vous n'en avez plus !... c'est jouer de malheur !
COQUEREL.
Pourquoi donc ?... on peut vous en faire glacer. (*Criant.*) Chinois au marasquin et à la vanille.
LE COMTE.
Écoutez, mon cher, j'aime mieux payer le double et que ce soit vous... vous-même... entendez-vous ?
COQUEREL, *s'inclinant*.
Trop de bontés... confiance honorable dont je me rendrai digne... et je vais me hâter...
LE COMTE, *regardant au fond*.
Mais du tout... ne vous pressez pas... j'attendrai, je suis ici à merveille.
COQUEREL.
Que ces grands seigneurs sont aimables ! Je vais me mettre au feu pour vous ! (*Criant en sortant.*) Chinois au marasquin, très-soignés !

~~~~~~~~~~~~~~~~~~~~~~~~~~~~~

SCÈNE VI.

LE COMTE, *puis* DUBOIS.

LE COMTE.
Ce monsieur est souverainement ennuyeux... (*Voyant Dubois qui entre.*) Eh bien, Dubois, quelles nouvelles ?
DUBOIS, *à demi-voix*.
Mauvaises, monseigneur, mauvaises de tous les côtés.
LE COMTE.
Comment cela ?

DUBOIS.
Madame la comtesse votre femme...
LE COMTE.
Eh bien ?
DUBOIS.
Eh bien, c'est elle qui me fait peur ; elle est jalouse en diable, et je crains qu'elle ne se doute de quelque chose.
LE COMTE.
Ce sont mes affaires !
DUBOIS.
Et les miennes ; madame m'interroge tous les jours, moi, votre valet de chambre, sur ce que vous faites, sur vos visites...
LE COMTE.
Tant mieux... car tu ne lui dis, j'espère, que ce qu'il faut dire.
DUBOIS.
Certainement... mais si madame découvre que je l'ai trompée...
LE COMTE.
Eh bien ?...
DUBOIS.
Eh bien ! avec elle, il ne s'agit pas de bonbons, mais de prison ; madame est la fille du duc de La Vrillière, de celui qui distribue les lettres de cachet ; elle obtient tout de son père, et je pourrais bien être coffré pour le bon plaisir de madame et pour le vôtre !
LE COMTE.
Allons donc !... ne suis-je pas là ?.. Continue seulement à me servir avec zèle et intelligence... et dis-moi d'abord, comment Angélique n'est-elle pas dans son comptoir ?
DUBOIS.
Elle est à l'église en ce moment ; elle est marraine !... mais dès hier, et sans vous nommer, j'avais fait les propositions les plus brillantes.
LE COMTE.
Après...
DUBOIS.
Refusées !...
LE COMTE.
Et ma lettre.
DUBOIS.
Refusée ! la mère n'a pas même voulu la lire, et l'a jetée au feu.
LE COMTE, *regardant la boutique de la parfumeuse*.
Cette maison est donc inaccessible..... cette Mme Bergamotte est donc un argus, un cerbère... une femme qui ne sait pas vivre...
DUBOIS.
Que voulez-vous ? elle a des idées à elle... elle tient avant tout à marier sa fille !
LE COMTE.
Elle a parbleu raison !... il vaudrait cent fois mieux qu'elle fût mariée... un mari raisonnable... et honnête... il y en a tant !
On dit qu'elle en cherche dans ce moment.
LE COMTE.
Nous l'y aiderons !... nous lui trouverons cela...

J'ai toujours été l'ami et le protecteur des maris... il s'agit seulement que celui-là soit sous ma main... dans ma dépendance...

SCENE VII.
Les Précédens, COQUEREL.

COQUEREL.
Les quinze livres demandées seront prêtes dans un moment.

DUBOIS.
Quinze livres!

COQUEREL.
Où faudra-t-il les envoyer?

LE COMTE.
A M. le comte de Coaslin, en son hôtel.

COQUEREL.
Quoi! j'ai eu l'honneur de servir et d'accommoder M. le comte de Coaslin... M. le comte me favoriserait de sa clientelle...

LE COMTE.
Pourquoi pas?... vous m'avez l'air d'un garçon fort entendu... et Mme Coquerel est-elle jolie?

COQUEREL.
Hélas! monsieur le comte, je ne suis pas encore, comme on dit, dans les nœuds de l'hyménée!

LE COMTE.
C'est dommage... il est aisé de voir à votre physionomie que vous feriez un excellent mari.

COQUEREL.
C'est ce que tout le monde dit... et pourtant je suis toujours garçon. Vous voyez un fidèle berger qui n'a pas de bergère... il ne manque que cela dans mon comptoir... car pour l'activité, l'imagination et le talent... je veux que monseigneur puisse en juger... voici un échantillon des Chinois que je viens de composer pour lui... Qu'en dit monseigneur... (*en offrant à Dubois*) et sa société?

LE COMTE.
C'est très-fin... très-délicat.

DUBOIS.
Ça fond dans la bouche.

COQUEREL.
C'est de mon invention... c'est parti de là car avec moi; c'est toujours la tête qui travaille, et non pas les doigts; je suis le seul qui traite le Chinois au marasquin, et j'ose me flatter que Mme de Pompadour sera comme vous... elle sera contente de la corbeille que je lui ai adressée hier.

LE COMTE.
Je le lui demanderai!...

DUBOIS, *qui s'était approché de la porte du fond, redescend le théâtre et dit à demi-voix au comte.*
La belle Angélique vient de rentrer dans son magasin.

LE COMTE.
Il suffit... Adieu, mon cher Coquerel, à bientôt... je vais faire une visite et je reviendrai peut-être moi-même emporter dans ma voiture ce que je vous ai demandé... j'ai des idées sur vous!

COQUEREL.
Des idées!...

LE COMTE.
Que justifient d'avance vos talens, et surtout votre heureuse figure... Adieu, mon cher..... adieu!

Il sort avec Dubois.

SCENE VIII.
COQUEREL, *seul.*

Voilà un véritable Mécène!... voilà un grand seigneur qui devine et encourage le talent... ça m'échauffe... ça m'anime; et si je n'étais pas obligé de tout surveiller dans ma boutique, je ferais quelque chose de grand, j'en suis sûr... j'ai là un plan, une idée de pâte de pomme à l'abricot qui demanderait le calme et le silence du cabinet; aussi, et pour travailler tranquille, j'attends depuis deux jours une première demoiselle de magasin, une personne de confiance que doit m'envoyer ma tante Mignonette, de Gisors, Mlle Dorothée... une ancienne religieuse, qui se connait en vertus... et en confitures... mais tout cela ne vaut pas une femme. O ma charmante voisine!... ô Angélique!... quel nom!... Angélique!! voilà une femme que le destin semble avoir mise au monde pour être l'épouse d'un confiseur... Aussi j'ai idée qu'elle ne me hait pas! mais comment le savoir... comment me déclarer, moi qui n'ose lui parler?... Si je lui écrivais.

AIR:

Amour, viens, je t'implore,
Donne-moi de l'esprit,
Sous mes doigts fais éclore
Ce qui touche et séduit,
Par des traits pleins de flamme
Peins-lui ma vive ardeur;
Fais passer dans son ame
Ce qu'éprouve mon cœur.

Composons!...

Il cherche et ne trouve rien, il se frotte le front, s'assied près de la table, et développant des diablotins dont il mange les bonbons et dont il lit la devise.

« Beauté cruelle!... je soupire,
» Prenez pitié de mon martyre! »
Mettant la devise de côté.
Voilà ce qu'il me faut! que mon état m'inspire!...
Il ouvre une autre devise qu'il jette.
Mauvais!
« Si vous préférez un amant,
» Choisissez-le tendre et constant! »
Je n'aurais pas mieux dit, je croi,
Ce vers-là semble fait par moi!
Lisant une autre devise.
« En prenant femme on est heureux...
» N'en prenez pas, c'est encor mieux?... »
Détestable!
« Choisissez-moi, car mes amours
» Ne finiront qu'avec mes jours! »
Avec enthousiasme.
Ah! si comme ceux-là j'en trouve une douzaine,

Je suis sauvé ! je sais que de nos jours
Les bons vers donnent de la peine !
Fouillant dans la corbeille et retirant une poignée de diablotins.
Mais en cherchant on les trouve toujours !
Lisant.
« Qu'à ma destinée,
» Tu sois enchaînée. »
Bravo !
« Sois ma Dulcinée
» Pour un jour ou deux ! »
Jetant la devise avec colère.
Fi donc !
« C'est par l'hyménée
» Que l'on est heureux ! »
Ah ! quels excellens vers ! quels vers délicieux !
C'est du Racine !
Lisant une autre devise.
« Vivent les grisettes
» Jeunes et coquettes ! »
La jetant.
C'est trop marivaudage et trop licencieux !
Lisant.
« Deviens ma bergère. »
A la bonne heure au moins, c'est pur et vertueux !
Lisant.
« Le bonheur sur terre
» Ne se trouve guère
» Que quand on est deux ! »
C'est superbe, c'est du Voltaire,
C'est Apollon qui m'inspira !
Relisons ! relisons ! ah ! quels vers que ceux-là !
Il a attaché avec une épingle toutes les devises qu'il a réservées et adoptées et les lit l'une après l'autre ; ce qui forme le cantabile et la cavatine suivans.

CANTABILE.

« Beauté cruelle, je soupire,
» Prenez pitié de mon martyre !
» Si vous préférez un amant,
» Choisissez-le tendre et constant !
» Choisissez-moi !... car mes amours
» Ne finiront qu'avec mes jours !
» Belle Angélique, mes amours
» Ne finiront qu'avec mes jours ! »
S'interrompant.
J'ajoute ici... belle Angélique,
Quoique ce ne soit pas écrit !
Mais c'est étonnant, c'est unique,
Combien l'amour donne d'esprit !
Et ce n'est rien encor,
Ce qui termine est bien plus fort !
Lisant le reste des devises.

CAVATINE.

« Que ma destinée
» Te soit enchaînée !
» C'est par l'hyménée
» Que l'on est heureux !
» Deviens ma bergère,
» Le bonheur sur terre
» Ne se trouve guère
» Que quand on est deux ! »

(*Parlé.*) Mon épître est composée... il ne s'agit plus maintenant que de l'écrire et de l'envoyer à son adresse. (*Remontant le théâtre.*) Ce n'est pas loin... rien que la rue à traverser !... la boutique en face... la voilà... la voilà... je la vois... (*S'avançant sur le pas de la porte, et ayant l'air de parler à la boutique en face.*) Bonjour, ma voisine... ma jolie voisine... elle se lève, elle est sur le pas de la porte. Je vois que chez vous on ne pense guère à moi... et aux gants que j'ai commandés hier... c'est bien mal de négliger ainsi ses pratiques... (*Redescendant le théâtre.*) Ah ! que c'est ingénieux... elle a pris sur le comptoir plusieurs paquets de gants... (*Apercevant Angélique qui paraît à la porte.*) C'est elle !... la voici !

SCENE IX.
COQUEREL, ANGÉLIQUE.

ANGÉLIQUE, *tenant à la main plusieurs paquets de gants et les présentant en tremblant à Coquerel.*
Voici, monsieur, ce que vous avez demandé.
COQUEREL, *dans l'extase et n'osant parler.*
Ah ! mademoiselle !...
ANGÉLIQUE, *lui présentant toujours les paquets et baissant les yeux.*
Il y en a plusieurs douzaines... vous pourrez choisir !
COQUEREL, *de même et timidement.*
Je le vois bien... et je vous remercie...
ANGÉLIQUE.
J'ai vu que vous étiez très-mécontent de ce qu'on vous avait fait attendre...
COQUEREL.
Oh ! non, mademoiselle... non, ça n'est pas ça que je voulais vous dire...
ANGÉLIQUE.
Ni moi non plus...
COQUEREL.
Ni vous non plus ?... ni elle non plus !... Ça va vous paraître bien hardi... mais j'avais à vous parler de quelque chose de bien essentiel...
ANGÉLIQUE.
Et moi aussi...
COQUEREL.
Et vous aussi ?... et elle aussi !... Depuis un an, mademoiselle, depuis un an... tous les jours... matin et soir... je suis ici dans ma boutique, à regarder la vôtre.
ANGÉLIQUE.
Je le vois bien !
COQUEREL, *vivement.*
Vous l'avez vu ? elle l'a vu !...
ANGÉLIQUE, *baissant les yeux.*
Dam !... quand on est en face !
COQUEREL, *vivement.*
Oh ! alors... (*Apercevant M*^me* Bergamotte qui entre.*) Dieu ! la mère !

SCENE X.
Mme BERGAMOTTE, ANGÉLIQUE, COQUEREL.

Mme BERGAMOTTE.
Qu'est-ce que ça signifie, mademoiselle ? que faites-vous ici ?

ANGÉLIQUE.
J'apportais à monsieur des gants qu'il avait commandés hier... Il appelait, il se fâchait, il était dans une colère épouvantable.
COQUEREL.
Moi, mamselle!... me fâcher contre vous! oh! non pas!
ANGÉLIQUE, à part.
Mon Dieu! qu'il est bête!
Mme BERGAMOTTE.
Et quand ce serait, était-ce une raison pour venir vous-même?
COQUEREL.
Il y a des amoureux?...
Mme BERGAMOTTE.
Il y en a, il faut marier cela, il en est temps.
COQUEREL.
Vous croyez?...
Mme BERGAMOTTE, sèchement.
Qu'est-ce que ça vous regarde?... Nous disons une douzaine de gants glacés... c'est vingt-quatre livres.
COQUEREL.
Je vais vous les donner.
ANGÉLIQUE.
Mais, ma mère, ça n'est pas convenable, M. Coquerel ne les a ni vus ni essayés...
COQUEREL.
C'est juste... mais je ne les prendrais pas sans les essayer!
ANGÉLIQUE.
A la bonne heure, au moins.
Mme BERGAMOTTE.
Eh! mon Dieu! on ne vous en empêche pas... Croyez-vous qu'on veuille vous tromper?... Essayez tant que vous voudrez, pourvu que ça ne soit pas long!

TRIO.

ANGÉLIQUE, à sa mère.
Prenez un peu de patience!
COQUEREL, regardant Angélique.
O moment séduisant et doux!
Mme BERGAMOTTE, à Angélique qui défait le paquet de gants.
Allons vite, dépêchons-nous!
COQUEREL, s'asseyant.
Je tiens beaucoup à l'élégance;
Il faut d'abord qu'un gant ne soit
Ni trop large, ni trop étroit.
ANGÉLIQUE, s'approchant de Coquerel qui est assis, et lui présentant une paire de gants qu'elle vient de préparer.
Celui-ci conviendra peut-être!
COQUEREL, à demi-voix et ayant l'air d'essayer les gants.
Ah! de mon trouble, en vous voyant,
A peine, hélas! si je suis maître.
ANGÉLIQUE, de même.
On nous observe en ce moment!
COQUEREL, de même.
Je le vois bien!
ANGÉLIQUE, de même.
J'ai cependant
A vous apprendre une nouvelle!
COQUEREL, de même.
Une nouvelle!... à moi! laquelle?

ANGÉLIQUE, voyant sa mère qui s'approche.
Prenez garde!
COQUEREL, à voix haute.
Le maudit gant!
Mme BERGAMOTTE, s'approchant.
Ça ne va donc pas?
COQUEREL, cherchant à entrer sa main dans le gant.
Non vraiment!
ENSEMBLE.
COQUEREL.
Ah! quelle gêne!
Ah! quelle peine!
A part.
Lorsque la crainte vous enchaîne!
Oui, les mamans,
Dans tous les temps,
Sont des tourmens
Pour les amans.
ANGÉLIQUE.
Ah! quelle gêne!
Ah! quelle peine!
Et quelle contrainte est la mienne!
Oui, les mamans,
Dans tous les temps,
Sont des tourmens
Pour les amans.
Mme BERGAMOTTE, avec ironie.
Je vois sans peine
Que ça vous gêne,
Essayons une autre douzaine!
A part.
J'ai des soupçons en ce moment,
Observons-les adroitement!
COQUEREL, à Mme Bergamotte.
Comme moi vous devez comprendre,
Quand on veut se donner des gants,
Qu'à son goût il faut bien les prendre!
Mme BERGAMOTTE.
Sans doute! et ceux-ci sont plus grands!
Les donnant à sa fille, qui s'approche de Coquerel.
ANGÉLIQUE, à Coquerel et les présentant.
Voulez-vous essayer?...
COQUEREL.
Ah! vous êtes trop bonne!
ANGÉLIQUE, à demi-voix et tout en lui donnant les gants.
Apprenez donc qu'on veut me donner un mari!
COQUEREL, de même.
O ciel!... et quand donc?
ANGÉLIQUE, de même.
Aujourd'hui!
COQUEREL, poussant un cri.
Ah!
Mme BERGAMOTTE, s'approchant vivement.
Qu'est-ce donc?
COQUEREL, lui montrant les gants.
Rien! je soupçonne
Qu'ils ont craqué!
Mme BERGAMOTTE, les regardant.
Mais non vraiment,
Ils vont bien... vous devez enfin être content!
COQUEREL, à part et regardant Angélique tout en mettant ses gants.
Oui, joliment... joliment!
ENSEMBLE.
COQUEREL.
Ah! quelle gêne! ah! quelle peine! etc.
ANGÉLIQUE.
Ah! quelle gêne! ah! quelle peine! etc.
Mme BERGAMOTTE.
Rien ne vous gêne! plus de peine!
C'est fort heureux qu'il vous convienne! etc.

Mme BERGAMOTTE, *montrant à sa fille la douzaine d'où elle a tiré la dernière paire.*
Voilà ceux que monsieur veut prendre !
ANGÉLIQUE, *refermant le paquet avec une ficelle.*
Oui, maman, je vais les serrer !
Bas à Coquerel, tout en renouant le paquet.
Cela doit aussi vous apprendre
A ne jamais vous déclarer !
COQUEREL, *à demi-voix.*
J'y pensais !... et j'allais...
ANGÉLIQUE.
Cela sert à grand'chose !
COQUEREL.
Me déclarer en vers !
ANGÉLIQUE, *avec impatience.*
Mon Dieu, parlez en prose !
COQUEREL, *vivement.*
Vous croyez ?
ANGÉLIQUE, *de même.*
Dam ! ce soir il ne sera plus temps !
COQUEREL, *de même.*
Moi qui me meurs d'amour !
Mme BERGAMOTTE, *qui s'est approchée, passant sa tête entre eux deux.*
Dieu ! qu'est-ce que j'entends ?
COQUEREL, *stupéfait.*
Elle écoutait !... quel orage s'apprête !
Haut et balbutiant.
Oui, c'est moi... qui pour vous...
Se reprenant.
Non... qui pour elle épris
D'un sentiment...
Mme BERGAMOTTE, *avec colère.*
Monsieur !
COQUEREL, *vivement.*
Concentré... mais honnête,
N'osait et n'ose encor, dans le trouble où je suis...
Mme BERGAMOTTE, *en fureur.*
Qu'est-ce à dire, monsieur ?
ANGÉLIQUE.
Ça veut dire qu'il m'aime !
COQUEREL.
Oui, voilà le vrai mot : je l'aime !
ANGÉLIQUE.
Et qu'il demande à m'épouser !
COQUEREL.
Oui, je demande à l'épouser !
ANGÉLIQUE.
Vous priant par grâce suprême...
COQUEREL.
Vous priant par grâce suprême...
ANGÉLIQUE.
De... de ne pas le refuser !
COQUEREL.
Oui, n'allez pas me refuser !
Elle a tout dit mieux que moi-même !
ANGÉLIQUE *et* COQUEREL.
Parlez ! parlez ! daignez ne pas nous refuser !

ENSEMBLE,
Ou l'un après l'autre.
Mme BERGAMOTTE.
Non, non, point d'alliance,
Ma fierté doit s'y refuser;
Et c'est déjà trop d'insolence
Que d'oser me le proposer.
ANGÉLIQUE *et* COQUEREL.
Qu'ai-je entendu ? point d'alliance,
Sa fierté doit s'y refuser;
Et c'est déjà trop d'insolence
Que d'oser le lui proposer.

Mme BERGAMOTTE, *avec dédain.*
Un confiseur ! qui n'a rien que des dettes !
COQUEREL.
J'ai de l'amour !... il donne du talent !
Mme BERGAMOTTE.
Bonbons sans sucre ! et pralines mal faites !
COQUEREL.
En les goûtant vous disiez autrement !
Mme BERGAMOTTE.
Une boutique au beau monde fermée !...
COQUEREL, *avec enthousiasme.*
Bientôt la gloire y peut venir loger ;
Et je sens là qu'un jour la renommée
Dira le nom du *Fidèle Berger* !
Mme BERGAMOTTE.
En attendant fortune et renommée,
Mon choix est fait !... l'hymen va l'engager !

ENSEMBLE.
Mme BERGAMOTTE.
Entre nous deux point d'alliance,
Ma fierté doit s'y refuser ;
Et c'est déjà trop d'insolence
Que d'oser me le proposer !
Ainsi j'entends
Et je prétends
Qu'un tel amant
Soit au néant !
A Angélique.
Rentrez... rentrez, et désormais
Tous deux séparés à jamais !
ANGÉLIQUE *et* COQUEREL.
Ah ! c'en est fait, plus d'espérance !
Sa fierté doit $\left\{\begin{array}{l}\text{le}\\\text{me}\end{array}\right\}$ refuser ;
Et c'est déjà trop d'insolence
Que d'oser le lui proposer !
Ah ! quels tyrans
Que les parens,
Et quels tourmens
Pour les enfans !
Ah ! quel malheur ! ah ! quels regrets !
Quoi, séparés !... et pour jamais.
Mme Bergamotte sort en emmenant sa fille.

SCENE XI.

COQUEREL, *seul, se jetant dans un fauteuil.*
Tout est fini !... plus d'espoir !... on me refuse, on ne veut pas de moi ! et on la donne à un autre.... elle en épouse un autre.... aujourd'hui même !... Tous les malheurs à la fois ! mais je me le suis toujours dit : quand le diable est à la porte d'un confiseur...

SCENE XII.

COQUEREL, SERREFORT.

SERREFORT, *parlant à la cantonnade.*
Attendez-moi là, je ne fais qu'entrer dans cette boutique.
COQUEREL.
Qu'y a-t-il, monsieur ?
SERREFORT.
Rien, monsieur, ce sont mes gens que j'ai laissés dans la rue.

COQUEREL.
Faites-les entrer!

SERREFORT.
Bien obligé... ils y sont habitués!

COQUEREL.
Comme vous voudrez, monsieur... (*Poussant un soupir.*) Ah!...

SERREFORT, *avec intérêt.*
Vous êtes affligé, monsieur?

COQUEREL, *sans se détourner.*
Immensément, monsieur!... mais l'état avant tout! Qu'y a-t-il pour votre service?

SERREFORT.
Un mot va vous l'apprendre... Je suis parrain.

COQUEREL.
Quelle que soit mon affliction, j'honore les parrains.

SERREFORT.
Je l'ai été ce matin avec la fille de Mme Bergamotte, la riche parfumeuse, (*à part*) et j'espère être bientôt autre chose que son compère. (*Haut.*) Je viens, en attendant, prendre les boîtes de bonbons que ces dames ont choisies et vous les payer.

COQUEREL.
Tout est prêt... où faut-il les envoyer?

SERREFORT.
Chez moi, rue de la Ferronnerie... M. Serrefort, officier du roi.

COQUEREL.
J'y suis... huissier au grand ou au petit Châtelet.

SERREFORT.
Fi donc! monsieur, je n'exerce point au civil. Ma charge me met en rapport avec ce qu'il y a de mieux à la cour. Je suis attaché au château royal de la Bastille.

COQUEREL.
Monsieur est exempt?

SERREFORT.
A votre service. Un cachet vert, un morceau de parchemin signé La Vrillière, et avec cela, j'arrêterai qui vous voudrez... j'arrête tout le monde.

COQUEREL.
Un drôle d'état.

SERREFORT.
C'est dans ce moment un des meilleurs et des plus productifs... Les lettres de cachet sont d'un usage si facile et si répandu que la moitié du monde arrête l'autre moitié... ce qui me donne une clientelle magnifique; tous les grands seigneurs s'adressent à moi : *Mon cher Serrefort, je vous recommande cette affaire-là; c'est un créancier qui m'ennuie, c'est un mari qui me gêne... arrangez cela pour le mieux.* Et moi, je suis là, mon ordre en poche... plein d'égards, d'attentions et de bonnes manières! Le jabot et les gants blancs... aussi je suis généralement aimé et estimé de tous ceux que j'arrête.

COQUEREL.
En vérité!...

SERREFORT.
Oui, monsieur... honnête et gracieux... mais inflexible, dur et poli.

COQUEREL.
Comme l'acier.

SERREFORT.
Comme vous dites!... J'arrêterais mon père... je m'arrêterais moi-même si j'en avais l'ordre; aussi ce n'est pas la besogne qui me manque, et j'ai ce matin une journée qui s'annonce bien... deux ou trois ordres que j'ai trouvés en rentrant et qui venaient d'arriver de la part de Mme de Pompadour.

COQUEREL, *l'écoutant avec admiration.*
Ah! bah!... est-ce amusant!

SERREFORT.
J'ai à peine eu le temps de les regarder, tant j'étais pressé à cause de ce baptême... tout cela se fera plus tard... mon monde est là qui m'attend... payons d'abord... Vous dites que c'est...

COQUEREL.
Soixante-trois livres tournois... nous mettrons soixante... un compte rond.

SERREFORT.
C'est trop honnête... enchanté de vos procédés... Et vous me répondez de la qualité des dragées?

COQUEREL.
Vous pouvez les goûter.

SERREFORT, *en mangeant.*
Excellentes!... Il y a là une finesse, un parfum...

COQUEREL.
Si monsieur, qui voit beaucoup de monde, veut en faire part à ses amis et connaissances, mon adresse est sur toutes les boîtes... Isidore Coquerel.

SERREFORT, *surpris.*
Coquerel!... que me dites-vous là?... Je croyais être *Au Fidèle Berger.*

COQUEREL.
L'un n'empêche pas l'autre; Coquerel, confiseur, *Au Fidèle Berger,* rue des Lombards, n° 46.

SERREFORT, *mettant ses gants blancs.*
Ah! monsieur, comme ça se rencontre!... quel bonheur de vous trouver là sous ma main et sans me déranger... moi qui ce matin ai tant d'affaires! Monsieur, j'ai l'honneur de vous arrêter.

COQUEREL.
Comment, m'arrêter!...

SCENE XIII.

Les Précédens, LE COMTE, *qui pendant ces derniers mots est entré par la porte du fond.*

LE COMTE.
Quoi?... que se passe-t-il?

SERREFORT, *s'inclinant.*
Monsieur le comte de Coaslin...

LE COMTE.
Arrêter ce pauvre diable !... d'où vient cet ordre ?...

COQUEREL.
Oui, d'où vient cet ordre ?

SERREFORT.
Il est en bonne forme... signé de monsieur votre beau-père, le duc de La Vrillière... et à la requête de Mme de Pompadour.

COQUEREL.
Qu'est-ce que j'ai fait à Mme de Pompadour ?

LE COMTE.
Et pour quel motif ?

COQUEREL.
Oui, pour quel motif ?

SERREFORT.
En général il nous est défendu de donner des raisons... mais avec les gens de votre rang et de votre qualité...

LE COMTE.
Eh bien donc ?

SERREFORT.
Il s'agit d'une corbeille de bonbons envoyée hier chez Mme de Pompadour, et qui renfermait contre elle une satire infâme.

COQUEREL.
Permettez ; les bonbons sont de moi, je m'en vante, et il y a de quoi ; mais la satire n'en est pas.

LE COMTE.
J'en suis persuadé, et vous prie...

COQUEREL, *montrant ses devises.*
Voilà les seuls vers que j'ai faits de ma vie.

LE COMTE.
Et vous prie, monsieur Serrefort, de vouloir bien suspendre cet ordre, dont je vais obtenir la révocation.

COQUEREL.
Ah ! monseigneur...

SERREFORT.
Je connais le crédit de M. le comte ; mais jusqu'à la révocation de cet ordre, je ne puis me dessaisir de mon prisonnier.

LE COMTE.
C'est ainsi que je l'entends, vous ne le quitterez pas. (*A demi-voix.*) Mais au lieu de le conduire à la Bastille, vous allez...

Il lui parle bas en lui faisant le signe de lui bander les yeux.

SERREFORT, *s'inclinant.*
Trop heureux d'obéir à monseigneur, mais je ne le quitterai pas. (*A ses gens.*) Entrez, vous autres.

SCENE XIV.

LES MÊMES, SERREFORT, *rentrant avec plusieurs de ses gens.*

FINAL.

SERREFORT.
Nous voici prêts, nous voici tous.

COQUEREL.
Hélas ! je tremble au fond de l'âme.

SERREFORT.
Oui, tous mes gens
Sont diligens
Dès que le devoir les réclame.

COQUEREL.
Que me veut-on, hélas ! je tremble au fond de l'âme.

SERREFORT.
A la Bastille on vous attend.

COQUEREL.
Ne peut-on attendre un instant ?

SERREFORT.
Non, vraiment ; sur-le-champ,
Allons, il faut nous suivre.

COQUEREL.
En prison, moi ? pauvre Coquerel !
Que votre nom me sauve et me délivre.

LE COMTE.
Je n'y puis rien, l'ordre est formel.

COQUEREL.
J'avais pour aujourd'hui des affaires en foule :
Laissez-moi du moins les finir.

SERREFORT.
Non, non, vraiment, le temps s'écoule ;
Allons, allons, il faut partir.

DUBOIS, *accourant.*
Ah ! monseigneur, je viens de voir et la mère et la fille.

SERREFORT.
On nous attend à la Bastille.

COQUEREL.
Eh quoi ! partir ainsi soudain !
Si nous remettions à demain ?

SERREFORT.
Non, non, l'on ne peut pas remettre ,
Même il faut, en quittant ces lieux,
Que ce bandeau couvre vos yeux.

COQUEREL, *au comte.*
Ah ! si vous daignez le permettre,
J'aime mieux y voir clair.

LE COMTE.
Il vaut mieux se soumettre,
Sur les dangers fermer les yeux.

COQUEREL.
Ah ! je vais donc courir des dangers bien affreux ?

LE COMTE, *à Dubois.*
Et pour mener à fin cette aventure,
Que l'on fasse avancer la voiture.

SERREFORT et DUBOIS.
Monseigneur, monseigneur, que ferons-nous de lui ?

ANGÉLIQUE, *entrant.*
Je l'aperçois d'ici.
Bas à Coquerel.
Un grand danger pour vous dans ce moment s'apprête.

COQUEREL.
Tous mes sens sont paralysés.
Un danger, et lequel ?

ANGÉLIQUE, *lui donnant un billet.*
Prenez vite et lisez.

COQUEREL.
Mais attendez ! Dieu, que c'est bête ;
Lisez !... quand j'ai les yeux bandés.

ENSEMBLE.

COQUEREL.
O fatal voyage !
Qui m'effraye, hélas !
Il faut du courage,
Et je n'en ai pas.

LE COMTE.
Allons, du courage,
Et ne tremble pas ;
Car dans ce voyage
On guide tes pas.
SERREFORT.
Pour un tel voyage
On peut bien, hélas !
Manquer d'un courage
Que je n'aurais pas.

DUBOIS, *rentrant*.
Oui, tout est prêt, on a suivi l'ordr' d' monseigneur.
COQUEREL.
Ah ! que j'ai peur,
Hélas ! je tremble au fond du cœur.
DUBOIS, LE COMTE, SERREFORT.
Voici l'instant, dépêchons-nous,
Allons, éloignons-nous.

ACTE DEUXIÈME.

Le théâtre représente un salon élégant, richement éclairé. Portes au fond et deux croisées. Deux portes latérales.

SCENE PREMIERE.

COQUEREL, *les yeux bandés, amené par* SERREFORT *et* LES EXEMPTS.

INTRODUCTION.

Rassurez-vous, soyez sans crainte !
Allons, n'ayez pas peur, et calmez-vous enfin.
COQUEREL.
Se rassurer, quelle contrainte !
Je sens de la prison l'air humide et malsain.
SERREFORT.
Qu'on lui retire son bandeau.
COQUEREL.
Me voici donc à la Bastille,
Je suis dans cet affreux château
Où la lumière en aucun temps ne brille !
Un exempt lui ôte son bandeau.
SERREFORT.
Vous allez en juger.
COQUEREL, *pendant qu'on le détache.*
Verroux et double grille ;
Regardant.
Mais non, vraiment tout est fort bien ici.
SERREFORT.
C'est là votre prison.
COQUEREL.
Messieurs, j'en suis ravi ;
Je croyais voir quelque cachot bien sombre,
Et des figures de brigands ;
Mais vous m'avez tous l'air de fort honnêtes gens ;
A part.
Je mens comme un coquin ; mais je crois, vu leur nombre,
Haut.
Prudent de les flatter... Ici, messieurs, qu' puis-je faire ?
SERREFORT.
Tout ce que vous voudrez, hormis de nous quitter.
COQUEREL.
Et voilà justement ce qui pourrait me plaire.
SERREFORT.
En ces lieux veuillez ordonner
Tout ce que vous voudrez.
COQUEREL.
Qu'on me donne à dîner !
Car je me meurs de faim !

SERREFORT.
Voici la table.
Deux domestiques apportent la table.
COQUEREL.
On avait tout prévu ; quel repas admirable !
Eh mais ! c'est convenable !...
Je suis... et c'est ma qualité,
En prisonnier d'état traité !...
Mes geôliers !... à votre santé.
Tous ces cachots
Sont fort beaux !
Et mon sort
Me plaît fort
A la Bastille !
Ma foi, vidons
Ces flacons ;
Délivrons
Ce bouchon
De prison !
Douce liqueur !
Plus de peur
En mon cœur,
Qui d'ardeur
Brûle et pétille !
Et je ne crain
Rien enfin
Que la fin
De ce vin
Rare et divin !
Tous ces cachots
Sont fort beaux !
Et mon sort
Me plaît fort
A la Bastille !
Gaîment vidons
Ces flacons ;
Délivrons
Ces bouchons
De prison.
Sous les verroux
Un sort si doux
Ferait bien des jaloux !

Hélas ! pendant que j'extermine
Ces vins au fumet séduisant,
Et ces compotes dont la mine

Ferait revenir un mourant,
Peut-être une drogue ennemie...
N'importe ! pour un confiseur,
Dans un repas perdre la vie...
C'est expirer au champ d'honneur !

  Tous ces cachots
  Sont fort beaux, etc.

A la fin de ce morceau, Coquerel se lève de table ; Serrefort fait signe aux exempts de se retirer ; deux domestiques rangent la table sans l'emporter.

SCÈNE II.
COQUEREL, SERREFORT.
COQUEREL.
Je suis traité en prisonnier d'état ! ils s'en vont, ils nous laissent. (*A Serrefort.*) Et vous, mon cher ami ?

SERREFORT.
J'ai l'ordre de rester ici jusqu'à l'arrivée de monseigneur.

COQUEREL.
Monseigneur le gouverneur de la Bastille ?

SERREFORT.
Et jusque là je ne puis vous quitter.

COQUEREL.
Cela va être bien ennuyeux pour vous.

SERREFORT.
C'est mon état, et il est souvent bien pénible.

COQUEREL, *avec attendrissement.*
Voilà de l'humanité.

SERREFORT, *s'asseyant.*
Car j'ai moi-même des affaires ; un souper, un contrat de mariage, et je perds ici mon temps à vous garder, et à attendre monseigneur, qui ne vient pas.

COQUEREL.
Il se plaint encore, c'est lui qui se fâche et me tourne le dos ; si je pouvais pendant ce temps lire le billet qu'Angélique m'a glissé au moment du départ. (*Il ouvre le billet et le lit en s'interrompant de temps en temps, chaque fois que dans sa mauvaise humeur Serrefort fait un mouvement pour se retourner.*) « Monsieur Isidore, » mon petit nom ! « j'ignore ce qui se passe, mais il y a quelque » chose. » Je crois bien. « Un monsieur de la cour » est venu parler à ma mère, et nous allons par- » tir tout-à-l'heure pour son château, qui est à » deux lieues d'ici, à Chaville, tâchez d'y venir. » Comme c'est aisé, quand on est enfermé à la Bastille ! « J'ai idée qu'il s'agit d'un mariage pour » moi, car ma mère m'avait déjà annoncé que nous » signerions ce soir mon contrat de mariage avec » un exempt de police, M. Serrefort. »

SERREFORT, *se retournant à son nom.*
Qu'y a-t-il ?

COQUEREL, *très-agité.*
Rien ; je pensais à vous, et je prononçais votre nom.

SERREFORT.
Je vous en remercie.

COQUEREL.
Il n'y a pas de quoi : (*A part.*) Un nom affreux ! Et ce serait celui de Mlle Angélique ! (*Achevant de lire.*) « Tâchez de retarder ce mariage, et par » tous les moyens possibles d'arrêter M. Serre- » fort. » Cette recommandation, quand c'est lui, au contraire... (*Se retournant et regardant par le fond*) Dieu ! monsieur le comte !

SERREFORT.
C'est bien heureux !

SCÈNE III.
LES MÊMES, LE COMTE.
LE COMTE, *donnant son chapeau à Dubois.*
Tu es sûr que ma femme va ce soir au bal de l'ambassadeur ?

DUBOIS.
Quand j'ai quitté l'hôtel, madame s'habillait et allait partir.

LE COMTE.
C'est bien ! rien à craindre de ce côté.

COQUEREL.
Quoi ! c'est vous, monsieur le comte, qui daignez venir vous-même me faire visite ici, à la Bastille ?

LE COMTE, *souriant.*
N'avais-je pas promis de parler en ta faveur ? J'ai obtenu la révocation de cette lettre de cachet.

COQUEREL.
Quel bonheur !

SERREFORT.
Alors, je m'en vais.

COQUEREL.
Moi aussi.

LE COMTE, *à Serrefort.*
Un instant ; c'est à des conditions que M. Coquerel refusera peut-être ; dans ce cas, l'ordre subsiste, et il reste ton prisonnier.

COQUEREL.
Quelles que soient ces conditions, monseigneur, je les accepte, je consens.

LE COMTE.
Et de plus, tu jures de n'en parler à personne ; à personne, entends-tu ? il y va de ta tête.

COQUEREL.
Je serai muet ; mais achevez, monseigneur, je suis dans le caramel bouillant.

LE COMTE.
D'abord, tu as des dettes ?

COQUEREL.
C'est vrai.

LE COMTE.
Eh bien ! on les paie !

COQUEREL, *stupéfait.*
Ah ! mon Dieu !

LE COMTE.
Il te faut ensuite quelque argent pour ton établissement, huit ou dix mille livres ? tu en recevras vingt.

COQUEREL, *stupéfait.*
Est-il possible?
LE COMTE.
De plus, tu m'as dit que dans un magasin comme le tien il fallait une femme... on t'en donne une.
COQUEREL.
A moi? et laquelle?
LE COMTE.
Ça ne te regarde pas.
COQUEREL.
Mais la future ?
LE COMTE.
Elle est choisie; elle y consent.
COQUEREL.
Mais les parens!
LE COMTE.
Tu en auras aussi; on te fournit de tout.
COQUEREL.
C'est possible! mais permettez, j'aimerais mieux me fournir moi-même.
LE COMTE.
Fort bien, je retire ma proposition. (*Appelant.*) Serrefort! allons, Serrefort!
SERREFORT.
Monseigneur a raison, ça sera plutôt fini.
COQUEREL, *avec colère.*
Un instant, que diable ! ce gros exempt est mon ennemi mortel! Écoutez donc, monseigneur, se marier comme ça à l'improviste, sans préparation ; on donne au moins cinq minutes pour réfléchir.
LE COMTE, *tirant sa montre.*
Je te les donne, montre en main.
COQUEREL, *à part.*
Quelle position! un mariage ou la Bastille! Des deux côtés la prison, et partout des chaînes! Je crois pourtant que j'aime encore mieux celles du mariage; avec ça que cet animal d'exempt va épouser Angélique; qu'il n'y a plus d'espoir pour moi, et qu'une fois marié je serai libre de mourir de chagrin dans mon ménage, bien plus à mon aise que dans un cachot.
LE COMTE.
Eh bien?
COQUEREL.
Eh bien, monseigneur, je ne dis pas absolument non; mais je suis sûr que l'épouse est affreuse, c'est quelque horreur, sans doute, tortue, bossue, bancale.
LE COMTE.
C'est possible, mais si ce n'est que cela qui t'inquiète, tranquillise-toi, on y a pourvu, car tu quitteras la mariée aussitôt le mariage fait.
COQUEREL, *étonné.*
Je la quitterai!
SERREFORT, *de même.*
Il la quittera!
LE COMTE.
Au sortir de la chapelle, une voiture t'attendra pour te conduire à trente lieues d'elle; à Rouen, par exemple.

COQUEREL *et* SERREFORT, *surpris.*
A Rouen!
LE COMTE.
Où tu établiras une fabrique de gelée de pommes; on tient à cela par-dessus tout.
COQUEREL, *de plus en plus surpris.*
A la gelée de pommes?
SERREFORT, *riant.*
C'est charmant, monseigneur, c'est très-piquant! aussitôt marié... je comprends!
COQUEREL, *stupéfait.*
Et moi, je n'y comprends rien du tout; se marier à une inconnue, et partir pour aller faire de la gelée de pommes de Rouen à Rouen; si c'était à Paris...
LE COMTE.
C'est de rigueur. Allons, Serrefort...
COQUEREL.
Il n'est pas question de cela, monseigneur, je consens, j'épouse, je ne vous demande qu'une grâce, une seule!
LE COMTE.
Parle. *
COQUEREL.
Est-ce qu'avant le mariage je ne pourrais pas voir cette prétendue?
LE COMTE.
Si vraiment, (*On entend une voiture.*) Entends-tu? c'est elle qui arrive, et par cette fenêtre tu peux la voir descendre de voiture.
COQUEREL.
Je n'ose pas, je n'ai plus de jambes.
SERREFORT.
Ma foi, voyons, moi qui n'y suis pour rien. (*Il va à la fenêtre, et s'écrie à part.*) Dieu! qu'ai-je vu! Angélique, ma future !
COQUEREL, *regardant Serrefort.*
Il est tout pâle, et si la vue seulement produit cet effet-là sur un étranger... (*A Serrefort.*) Eh bien, qu'en dites-vous?
SERREFORT.
N'épousez pas.
COQUEREL.
Mais la prison ?
SERREFORT.
Le mariage est encore plus horrible.
COQUEREL.
Elle est donc bien affreuse ?
LE COMTE, *près de la fenêtre.*
Elle entre dans le salon, elle a disparu!
SERREFORT, *à part.*
Et comment m'opposer à ce complot et ravoir ma future ?... Ah ! ce moyen, c'est le seul ! si je pouvais gagner du temps...
COQUEREL.
Si je pouvais gagner la porte.
LE COMTE.
Adieu, je vais tout disposer, et je reviens. Toi, Serrefort, va prévenir ton monde, et tenez-vous prêt à conduire monsieur.
COQUEREL.
Où donc, monseigneur?

* Voir la variante à la fin.

LE COMTE.
A Rouen! Allons, Serrefort...
SERREFORT.
Je vous suis, monseigneur, je vous suis.
Ils sortent, le comte par la droite et Serrefort par la gauche.

SCÈNE IV.
COQUEREL, seul.

Ils s'en vont tous les deux; ils me laissent seul, et si j'osais... (*Regardant autour de lui.*) Oui, mais le moyen de s'évader quand on est à la Bastille... Rien qu'en voyant l'horrible femme qu'on me destine, ce pauvre exempt a manqué mourir de frayeur. C'est quelque monstre, quelque Barbe bleue femelle, qui égorge les gen, assez simples pour l'épouser! Et je serais son innocente victime! Non, morbleu, j'aime mieux la Bastille! j'implore la Bastille! On y dîne bien; et puis d'ailleurs prisonnier on en revient quelquefois; mais mort... Mon parti est pris! qu'elle paraisse maintenant, cette Mégère, cette infernale fiancée! Dieu! qu'est-ce que je vois là?

SCÈNE V.
COQUEREL, ANGÉLIQUE.

ANGÉLIQUE.
Monsieur Isidore!

COQUEREL.
Angélique! est-ce bien vous? Comment avez-vous pu pénétrer jusqu'ici?

ANGÉLIQUE.
Je suis venue avec ma mère.

COQUEREL.
Et c'est pour moi?...

ANGÉLIQUE.
Oui, sans doute.

COQUEREL.
Que vous venez en cet affreux château?

ANGÉLIQUE.
Pas si vilain! moi je le trouve très-gentil depuis la nouvelle qu'on vient de m'y apprendre. Mon mariage est rompu avec M. Serrefort.

COQUEREL.
Est-il possible! elle est libre! (*A part.*) Et moi qui ne le suis plus!

ANGÉLIQUE.
Et l'on me propose à la place un autre prétendu, qui a sur-le-champ convenu à ma mère et à moi aussi.

COQUEREL, *furieux.*
A vous aussi, traîtresse! et vous osez me le dire?

DUO.
ANGÉLIQUE.
Il est aimable et tendre,
Il a bien des talens,
Quoique à se faire entendre
Il tarda bien long-temps.
Mais il m'aime et m'adore,
Et ce nouvel époux,
Ah! monsieur Isidore,
C'est vous-même, c'est vous!

COQUEREL, *avec joie.*
Qu'entends-je, ô ciel?

ANGÉLIQUE.
D'une union si prompte
Vous êtes étonné... mais c'est monsieur le comte...

COQUEREL, *stupéfait.*
Quoi! c'est monsieur le comte!

ANGÉLIQUE.
Lui-même!...

COQUEREL.
Ah! quel soupçon!
Bonheur fatal que je redoute,
Il serait vrai?

ANGÉLIQUE.
Eh oui, sans doute.

ENSEMBLE.
COQUEREL.
Ah! quel tourment!
Quel agrément!
J'en perds la tête,
Pour moi s'apprête
Un grand malheur,
Un grand bonheur;
C'est la tempête,
C'est une fête,
Qui sur moi fait
Un tel effet,
Que j'en suis bête
Et perds la tête,
Et je ne puis
Dire où j'en suis.

ANGÉLIQUE.
Ah! mais vraiment!
C'est étonnant!
Il est tremblant,
Il m'inquiète;
C'est pour son cœur
Trop de bonheur!
Et cette fête
Qui s'apprête
A sur lui fait
Un tel effet,
Qu'il devient bête
Et perd la tête;
Son cœur épris
En est surpris.

COQUEREL.
Répétez-moi ce que vous m'avez dit;
Quoi! c'est ici?

ANGÉLIQUE.
C'est dans cette demeure
Qu'on va nous marier.

COQUEREL.
Tous les deux?

ANGÉLIQUE.
Tout-à-l'heure.

COQUEREL.
Et c'est bien monseigneur?

ANGÉLIQUE.
C'est lui qui nous unit.
Ah! dans ses yeux quel transport brille!
Mais le bonheur lui donne un air hagard.

COQUEREL.
Et ma promesse et la Bastille,
Et mon hymen et ce départ?

ENSEMBLE.
COQUEREL.
Ah! quel tourment, etc.

ANGÉLIQUE.
Ah! mais, vraiment, etc.

ANGÉLIQUE.
Quel trouble en votre esprit s'élève,
Qui semble ainsi vous occuper?
COQUEREL.
Je n'y puis croire... c'est un rêve
Que le réveil va dissiper!
ANGÉLIQUE.
Un rêve!... alors que moins sévère
Le sort sourit à tous les deux!
Un rêve, lorsqu'ici ma mère
Me permet d'écouter vos vœux?
Est-ce une erreur, lorsque j'exprime
Ma joie et mon bonheur; enfin,
Est-ce une erreur, lorsque sans crime
Dans votre main je sens ma main?
COQUEREL.
En l'écoutant, hélas! je tremble:
Est-ce de crainte ou de plaisir?
Mais à chaque instant il me semble
Voir mon rêve s'évanouir.
ENSEMBLE.
COQUEREL.
Ah! si c'est un songe,
Que le ciel prolonge
Un heureux mensonge,
Qui ravit mon cœur!
ANGÉLIQUE.
Ce n'est pas sans peine:
Son âme incertaine
Osait croire à peine
A tant de bonheur!
Ah! je suis trop bonne;
Mais je vous pardonne,
Et mon cœur se donne
A vous pour toujours.
COQUEREL.
L'amour me l'ordonne,
Mon cœur s'abandonne
Et se donne
Au dieu des amours,
Toujours.
ANGÉLIQUE.
Toujours.
ENSEMBLE.
COQUEREL.
Ah! si c'est un songe, etc.
ANGÉLIQUE.
Ah! je suis trop bonne, etc.
COQUEREL.
Oui, ma femme, ma chère femme! à toi, toujours à toi, jusqu'au trépas et au-delà! je ne te quitte plus! Dieu! qu'est-ce que je dis? J'oubliais... j'oublie tout auprès d'elle!
ANGÉLIQUE.
Eh bien! voilà que ça lui reprend. Venez donc, ma mère, venez donc!

SCÈNE VI.
Les Mêmes, Mme BERGAMOTTE.

ANGÉLIQUE.
Voilà M. Coquerel qui ne sait plus ce qu'il dit, il perd la tête.
Mme BERGAMOTTE.
C'est comme ton père, mon enfant! c'est toujours ainsi dans ce moment-là.
COQUEREL, *qui a rêvé pendant ce temps.*
Oui, mon parti est pris! l'essentiel est d'épouser et de sortir d'ici, parce qu'une fois dehors, une fois marié, je me révolterai.
ANGÉLIQUE, *qui s'est approchée.*
Par exemple! mais du tout, monsieur, vous marcherez droit et vous m'obéirez!
Mme BERGAMOTTE.
Oui, ma fille, il nous obéira comme ton père!
COQUEREL.
C'est ce que je voulais dire. Mais vous ne savez pas, Angélique, vous ne pouvez pas savoir, ni votre mère non plus. Moi, j'espère bien qu'on ne nous mariera pas, ici, en prison.
Mme BERGAMOTTE.
Qu'est-ce qu'il dit? il n'y est plus!
COQUEREL.
Si fait! j'y suis encore, et je désire n'y plus être.
Mme BERGAMOTTE.
Où ça?
COQUEREL.
A la Bastille!
ANGÉLIQUE, *à sa mère.*
Là, quand je vous disais que sa raison déménage!
COQUEREL.
C'est possible; mais je voudrais faire comme elle!
Mme BERGAMOTTE.
Vous êtes ici à Chaville, mon gendre.
COQUEREL, *stupéfait.*
A Chaville!
Mme BERGAMOTTE.
Dans le château de M. le comte de Coaslin, qui vous protège, vous dote et vous marie avec une générosité, un désintéressement! ce vertueux seigneur!
COQUEREL.
Ah! quelle scélératesse! si j'osais parler... je vais tout lui dire. Sachez donc... Dieu! monseigneur!...
Mme BERGAMOTTE.
Saluez donc, mon gendre, saluez monseigneur.

SCÈNE VII.
Les Mêmes, LE COMTE.

LE COMTE.
Tout est disposé pour le contrat... il n'y a plus qu'à signer, et si monsieur Coquerel est décidé...
COQUEREL.
Certainement. (*A part.*) Je ne suis plus à la Bastille, je ne risque rien; mais après cela nous verrons.
Il offre son bras à Angélique.
Mme BERGAMOTTE.
Du tout, mon gendre, c'est à moi, c'est à la belle-mère que vous devez donner le bras.
LE COMTE.
C'est juste, c'est d'étiquette. (*A haute voix.*) On est en train de dresser le contrat, voyez si les conditions vous conviennent; après nous signerons. Les grands parents et le futur d'abord, c'est de droit, et après la mariée.

COQUEREL, à part.

Oui, je vais signer, je vais signer mon bonheur avec fureur! mais l'on verra plus tard ce que peut un confiseur au désespoir!

Mme BERGAMOTTE, *avec dignité, lui offrant son bras.*

Monsieur Coquerel, j'ai failli attendre!

Ils sortent tous deux.

SCÈNE VIII.
LE COMTE, ANGÉLIQUE.

LE COMTE, *retenant Angélique qui veut les suivre.*
Un instant, mon enfant, et mon présent de noces? à moi, celui que vous m'avez promis?

ANGÉLIQUE.
Quoi donc?

LE COMTE.
Un baiser!

ANGÉLIQUE, *naïvement.*
Dam! si vous voulez, monsieur le comte.

LE COMTE.
C'est charmant.

ANGÉLIQUE.
Je suis si heureuse!

LE COMTE.
C'est de la résignation; car ce mari que je vous ai choisi au hasard, vous ne le connaissiez pas beaucoup.

ANGÉLIQUE.
Si vraiment!

LE COMTE, *stupéfait.*
Plaît-il? qu'est-ce que j'entends là? Expliquez-vous.

ANGÉLIQUE.
PREMIER COUPLET.

Sa boutique est près de la nôtre,
Et depuis un an à peu près
Nous nous regardions l'un et l'autre,
Sans oser nous parler jamais!
Car c'est la timidité même...
Et c'est ce matin seulement
Qu'il m'a dit enfin : Je vous aime!
Mais je le savais bien avant!...

Geste de colère du comte.

Ah! que je suis contente!
Que cet hymen m'enchante!
C'est à vous, monseigneur,
Que je dois mon bonheur!
La cause de notre bonheur,
C'est vous, c'est vous, oui, c'est vous, monseigneur!

Fausse sortie d'Angélique; le comte la ramène.

DEUXIÈME COUPLET.

Il a le don d'aimer, de plaire!
Mais il n'a pas un seul écu!
Moi, je voulais bien!... mais ma mère
Sans vous n'aurait jamais voulu!
Et quand tout-à-l'heure ici même
Pour moi vous cherchiez un mari,
Vous avez pris celui que j'aime
Et celui que j'aurais choisi!

Geste de colère du comte.

Ah! que je suis contente!
Que cet hymen m'enchante!
C'est à vous, monseigneur,
Que je dois mon bonheur!
Et c'est à vous, monseigneur,
Que nous devrons notre bonheur!

Fausse sortie; le comte la ramène.

LE COMTE.
Un instant, j'ai à vous parler. (*A part.*) J'aurais été dupe à ce point! Non, morbleu! elle ne l'épousera pas! Tout autre, peu importe, pourvu que ce ne soit point celui-là.

SCÈNE IX.
LE COMTE, ANGÉLIQUE, SERREFORT, *puis* DUBOIS.

SERREFORT.
Monseigneur, monseigneur...

LE COMTE.
Qu'est-ce donc? qu'as-tu besoin de me déranger quand je suis ici avec du monde? (*A Angélique.*) Je suis à vous dans l'instant.

ANGÉLIQUE.
Ce ne sera pas long, monseigneur?

SERREFORT, *au comte.*
J'ai à vous parler. Votre femme...

LE COMTE.
Ma femme, qui devait aller au bal de l'ambassadeur...

SERREFORT.
Sa voiture entre dans la cour, je l'ai vue...

LE COMTE.
Et qui donc l'amène?

SERREFORT, *à part.*
Mon message qu'elle a reçu. Qu'il s'en tire maintenant comme il pourra, voilà le mariage rompu.
Il sort.

DUBOIS, *accourant.*
Monseigneur, monseigneur...

LE COMTE.
A l'autre, maintenant!

ANGÉLIQUE, *à part.*
Qu'est-ce qu'ils ont donc tous?

DUBOIS.
Votre femme...

LE COMTE.
Eh! je le sais de reste! (*A part.*) Elle si jalouse, que ne dira-t-elle pas en me trouvant ici avec cette jeune fille!

DUBOIS.
Il faut prendre un parti!

LE COMTE.
Il n'y en a qu'un, c'est de conduire le mari avec sa prétendue en bas dans la chapelle.

DUBOIS.
Y pensez-vous?

LE COMTE.
Qu'on les marie à l'instant. (*A Dubois.*) Toi, reste ici avec ma femme, et dis-lui ce qu'il faut lui dire.

ANGÉLIQUE.
Eh bien! monseigneur, et mon mari qui attend toujours.

LE FIDELE BERGER.

LE COMTE.
Nous allons le trouver. (*Entraînant Angélique.*) Partons.

ANGÉLIQUE, *le suivant.*
Oui, monseigneur, partons.

Ils sortent, excepté Dubois.

SCENE X.

LA COMTESSE, *en costume de bal, suivie de* GERMAIN, *son domestique, à qui elle fait signe de la main de l'attendre dans la pièce à côté;* DUBOIS.

LA COMTESSE, *entrant par le fond et voyant sortir par la porte à droite le comte et Angélique.*
On ne m'a pas trompée; mon mari et une jeune fille! le billet qu'un inconnu vient de m'apporter disait vrai.

DUBOIS, *allant à elle.*
Madame la comtesse ici, à Chaville, quand M. le comte la croyait à Paris.

LA COMTESSE, *avec une vive émotion.*
Approche ici, Dubois, et réponds-moi. M. le comte devait être à Versailles où se traite ce soir une importante affaire au conseil du roi! Comment est-il ici, à Chaville, dans sa maison de campagne, avec toi et une jeune fille?

DUBOIS, *feignant la surprise.*
Une jeune fille!

LA COMTESSE, *d'un ton affirmatif.*
Je l'ai vue!

DUBOIS.
Alors il n'y a moyen de rien cacher à madame, et quoique M. le comte m'ait recommandé le secret...

LA COMTESSE.
Je t'ordonne, moi, de parler; et prends garde à ce que tu vas dire. Car si mon mari est l'ami de Mme de Pompadour, je le suis de la reine, moi, et il y a des momens où ce pouvoir-là vaut bien dans l'autre. Eh bien?

DUBOIS, *avec sensibilité.*
Eh bien! madame, il y avait à Paris, rue des Lombards, un jeune confiseur, M. Coquerel, que M. le comte protégeait. Il a voulu le marier aujourd'hui même, ici, dans son château.

LA COMTESSE.
Et tu crois que je serai dupe d'une pareille histoire?

DUBOIS, *avec indignation.*
Une histoire! Tenez, tenez, madame, entendez-vous la cloche, c'est la cérémonie, et par cette fenêtre vous pouvez voir le cortége entrer dans la chapelle du château.

LA COMTESSE, *regardant.*
C'est vrai! une jeune fille en mariée!

DUBOIS.
Mlle Angélique!

LA COMTESSE.
Un jeune homme pâle!

DUBOIS.
M. Coquerel.

LA COMTESSE.
Une autre femme plus âgée!

DUBOIS.
La parfumeuse douairière, la mère de la mariée!

LA COMTESSE.
Sa mère!

DUBOIS.
J'espère que vous n'avez plus de doutes?

LA COMTESSE, *avec hésitation.*
Non, certainement; mais pourquoi ne pas m'en parler, pourquoi mon mari se cache-t-il de moi?

DUBOIS.
Il est comme madame, il aime à cacher le bien qu'il fait, et si madame veut descendre voir les mariés, sa présence leur causera une surprise et un plaisir!

LA COMTESSE.
Non, non, demain je leur enverrai mon cadeau de noce! Mais aujourd'hui que personne, pas même M. le comte, ne sache le ridicule accès de jalousie qui lui donnerait trop d'avantage sur moi. (*Appelant.*) Germain! (*Son domestique entre, elle lui parle bas en lui montrant la porte à droite; à Dubois.*) Par cet escalier et la petite porte qui donne sur le bois, je partirai sans que M. le comte se doute seulement que je suis venue!

DUBOIS.
Oui, madame.

LA COMTESSE, *continuant, à Dubois.*
Toi, pour qu'il l'ignore, retourne auprès de lui.

DUBOIS, *s'inclinant.*
Madame sera satisfaite. (*A part.*) Et nous aussi. Elle s'éloigne, et grâce au ciel, nous en voilà délivrés! C'est égal, nous l'avons échappée belle!

Il sort.

SCENE XI.

LA COMTESSE, *seule.*

PREMIER COUPLET.

Écoutez donc les calomnies!
Voyez donc ces bonnes amies,
A les entendre, l'on croirait
Que mon mari me trahissait;
Après deux ans de mariage,
Mon amour est son seul trésor!
Toujours fidèle et toujours sage,
Je le vois bien, il m'aime encor.

DEUXIÈME COUPLET.

Je sais qu'en leurs volages flammes,
Souvent les maris de ces dames,
Au lieu d'un amour, en ont deux!
Mais mon mari n'est pas comme eux;
Toujours fidèle et toujours sage,
De l'accuser j'aurais grand tort,
Malgré l'hymen qui nous engage,
J'en suis sûre, il m'aime encor!

SCENE XII.
LA COMTESSE, ANGÉLIQUE.

ANGÉLIQUE, *un bougeoir à la main.*

Ah! mon Dieu, mon Dieu! conçoit-on ça, c'est inimaginable!

LA COMTESSE.

Qui vient là? c'est la jeune mariée!

ANGÉLIQUE, *apercevant la comtesse.*

Quelqu'un d'ici, quelqu'un du château, qui l'aura peut-être aperçu! (*S'approchant de la comtesse.*) Dites-moi, madame, l'auriez-vous vu?

LA COMTESSE.

Et qui donc?

ANGÉLIQUE.

Mon mari!

LA COMTESSE.

Votre mari, M. Coquerel le confiseur?

ANGÉLIQUE.

Oui, madame.

LA COMTESSE.

Que vous venez d'épouser?

ANGÉLIQUE.

Oui, madame.

LA COMTESSE.

Et que lui est-il donc arrivé?

ANGÉLIQUE, *pleurant.*

Il est perdu, madame!

LA COMTESSE.

Perdu!

ANGÉLIQUE.

Évanoui, disparu, impossible de le retrouver! Avec ça que depuis une heure il avait un air si singulier! A l'église même, il n'était pas du tout à ce qu'il faisait; il me regardait avec des soupirs, des airs de tendresse, des choses qui étaient bien... mais il me serrait la main à me faire mal, comme s'il eût eu peur de me quitter; et puis quand il a fallu dire oui, j'ai vu le moment où il disait non! Il l'aurait dit, si je ne lui avais pas soufflé l'autre mot, et sans mauvaise intention, car il m'aime bien, le pauvre garçon, et moi aussi! et au sortir de la chapelle, M. le comte me donnait la main, et mon mari nous suivait; je me retourne, je ne le vois plus! Ça m'inquiétait, mais je n'osais pas dire; pourtant un mari, ça ne doit pas disparaître si vite.

LA COMTESSE.

Non certainement.

ANGÉLIQUE.

N'est-ce pas, madame? Mais voici ce qui est bien plus singulier. Arrivés dans le salon, M. le comte me dit : « Une commande extraordinaire de sirops et de rafraîchissemens pour le bal de l'ambassadeur oblige ce pauvre Coquerel à retourner sur-le-champ à Paris. »

LA COMTESSE, *effrayée.*

Ah! mon Dieu!

ANGÉLIQUE.

« Et il ne pourra revenir que demain. »

LA COMTESSE.

Demain!

ANGÉLIQUE.

Oui, madame, demain. (*Pleurant.*) Il a dit demain!

LA COMTESSE.

Vous en êtes bien sûre?

ANGÉLIQUE, *naïvement.*

Je le lui ai fait dire deux fois!

LA COMTESSE, *réfléchissant.*

Qu'est-ce que cela signifie?

ANGÉLIQUE.

Oui, madame, qu'est-ce que ça signifie? Est-ce que c'est bien? est-ce que c'est convenable? Je suis sûre que ma mère serait furieuse si elle était là! mais elle était déjà partie.

LA COMTESSE, *vivement.*

Partie aussi!

ANGÉLIQUE.

Pour Paris. Ils partent tous!

LA COMTESSE, *avec une colère concentrée.*

Mais moi je reste, et nous verrons, nous verrons ce qui arrivera!

ANGÉLIQUE.

Oui, nous verrons ce qui arrivera. C'est ce que je me dis; ça ne peut pas se passer comme ça! M. le comte est comme vous, il est désolé! il m'a dit : « Calmez-vous! ne vous faites pas de chagrin, vous resterez ici au château, vous y aurez la plus belle chambre, la chambre jaune. »

LA COMTESSE, *montrant la porte à droite.*

Celle-ci!

ANGÉLIQUE.

Oui, madame, j'y allais. « Et soyez sûre, a-t-il continué, que tous les soins, tous les égards... » Car il est si aimable, M. le comte, il a tant d'égards!...

LA COMTESSE, *à part, avec colère.*

Ah! la lettre anonyme ne m'a pas trompée!

ANGÉLIQUE, *continuant.*

Mais c'est égal, ce n'est pas la même chose, et M. Coquerel ne devait pas s'en aller ainsi à l'improviste et sans me dire adieu, sans me prévenir au moins; n'est-ce pas, madame?

LA COMTESSE.

Et c'est ce qu'il a fait, mon enfant.

ANGÉLIQUE.

Comment cela?

LA COMTESSE.

Je l'ai vu tout-à-l'heure, et obligé en effet de retourner à l'instant même à Paris, il m'a priée de vous emmener, de vous conduire chez lui.

ANGÉLIQUE, *vivement.*

Rue des Lombards, n° 46.

LA COMTESSE.

Comme vous dites.

ANGÉLIQUE.

Quel bonheur! et qui donc êtes-vous, madame?

GERMAIN, *rentrant par la porte de droite.*

La voiture de madame la comtesse.

ANGÉLIQUE.

Une comtesse!

LA COMTESSE.
La maîtresse de ce château. Vous pouvez vous fier à moi! Germain, conduisez mademoiselle...
ANGÉLIQUE, *la reprenant.*
Comment, mademoiselle?
LA COMTESSE, *se reprenant.*
C'est juste, Mme Coquerel, conduisez-la, dans ma voiture, rue des Lombards, n°...
ANGÉLIQUE.
N° 46.
LA COMTESSE.
Chez son mari, chez elle.
GERMAIN, *s'inclinant.*
Oui, madame.
LA COMTESSE, *à Angélique.*
Partez, mon enfant, par cet escalier dérobé, et que personne ne vous voie!
ANGÉLIQUE, *faisant une fausse sortie.*
Oui, madame la comtesse, oui. Ah! j'oubliais; mes remercîmens et mes adieux à M. le comte votre mari! Ne m'oubliez pas, dites-lui qu'il vienne nous voir le plus tôt possible!
LA COMTESSE, *la faisant sortir.*
C'est bien! c'est bien! je m'en charge. Partez, partez, vous dis-je.

Elle fait passer Angélique et Germain par le petit escalier à droite.

SCENE XIII.

LA COMTESSE, *seule, avec agitation.*

Oui, oui, je lui parlerai, à M. le comte, dès ce soir même, et comme tout me le dit, tout me le prouve, s'il est coupable, je veux le convaincre, le confondre. On vient! c'est lui!

Elle rentre la lumière dans la chambre. On voit s'ouvrir la fenêtre du salon.

SCENE XIV.

LA COMTESSE, COQUEREL, *entrant par la fenêtre.*

COQUEREL.
Grâce au ciel et à la nuit, dans ce bois de Meudon que nous traversions, je leur ai échappé, et je reviens dans ce château près de ma femme. Deux murs à franchir, ce n'est rien, l'amour fait passer par-dessus tout.

FINAL.
LA COMTESSE, *à part.*
Je tremble au fond de l'ame.
C'est lui! c'est lui!...
ENSEMBLE.
COQUEREL.
Dans l'ombre et le mystère
Je sens battre mon cœur!
Que l'amour fasse taire
Une indigne frayeur.
LA COMTESSE.
Dans l'ombre et le mystère,

C'est lui! ce séducteur!
Ah! tâchons de nous taire
Pour doubler son erreur!
COQUEREL, *s'avançant.*
Eh mais! un voile blanc, une femme! c'est elle!...
A voix basse.
Angélique! Angélique! est-ce toi?
LA COMTESSE, *contrefaisant sa voix.*
Oui, moi-même!
COQUEREL.
Ah! l'amour veille sur moi.
La serrant contre son cœur et l'embrassant.
Ma douce amie!
LA COMTESSE, *à part.*
Ah! l'infidèle!
COQUEREL.
Bien malgré moi tantôt j'ai disparu d'ici;
Si tu savais pourquoi!
LA COMTESSE, *à part.*
Grand Dieu! ce n'est pas lui!
COQUEREL.
Si tu savais, tous deux, quel danger nous menace?
LA COMTESSE.
Quel danger?
COQUEREL.
D'y penser... ah! tout mon sang se glace.
LA COMTESSE.
Parlez, parlez....
COQUEREL, *toujours à voix basse.*
Cet indigne seigneur...
LA COMTESSE, *l'interrogeant.*
Le comte?
COQUEREL.
C'est un suborneur!
LA COMTESSE.
Un suborneur?...
COQUEREL.
Un homme infâme!
Qui veut bien que tu sois ma femme,
Pourvu que ton époux ici
Ne devienne pas ton mari!
LA COMTESSE, *avec colère.*
Ah! quelle affreuse trahison!
COQUEREL, *avec désespoir.*
Ou le départ... ou la prison!
ENSEMBLE.
LA COMTESSE.
Le dépit, la vengeance,
Font palpiter mon cœur!
Je maudis ma constance
Pour un pareil trompeur!
COQUEREL.
La fureur, la vengeance,
Font palpiter mon cœur,
Et je frémis d'avance
De ce choix plein d'horreur!
LA COMTESSE, *entendant venir.*
On accourt...
COQUEREL.
Ah! je tremble!
Voulant emmener la comtesse.
Fuyons... fuyons, ils me viennent chercher!
LA COMTESSE, *à part.*
Je ne veux pas que l'on nous voie ensemble!
Montrant la porte à droite.
Ah! là... dans ma chambre à coucher.
Elle s'y élance et referme vivement la porte sur elle.
COQUEREL, *avec effroi.*
Angélique! es-tu folle? Angélique, à l'instant,
Ouvre-moi cet appartement!

SCÈNE XV.

LE COMTE, SERREFORT, DUBOIS, EXEMPTS et VALETS DU COMTE; PAYSANS et PAYSANNES; *ils entrent tous avec des flambeaux;* COQUEREL, *frappant toujours à la porte.*

CHOEUR.
Au voleur, au voleur,
Au voleur, au voleur.
Désignant Coquerel.
Oui, ce doit être
Un malfaiteur,
Il est entré par la fenêtre.
Au voleur, au voleur.
Par escalade et dans la nuit
Dans ces lieux il s'est introduit.
Au voleur, au voleur !

COQUEREL.
Ecoutez-moi, messieurs, vous êtes dans l'erreur,
Ah! croyez-moi, je suis un honnête homme.

TOUS.
C'est un voleur !

COQUEREL.
Ma femme est là ! là qui m'attend,
Et j'en fais le serment.

TOUS.
Allons, c'est un mensonge ;
Votre femme vous ouvrirait !

COQUEREL, *frappant.*
Messieurs, je ne sais pas à quoi ma femme songe.
Frappant plus fort. Avec douleur.
Angélique! Angélique! ah! quel horrible trait.

TOUS, *criant.*
Au voleur, au voleur !

COQUEREL, *hors de lui.*
C'est un mari qui vous implore,
Et le voleur, le vrai voleur,
Mes chers amis, c'est monseigneur !

TOUS, *avec indignation.*
Il ose insulter monseigneur,
Au voleur, au voleur !

SERREFORT.
C'est notre prisonnier qui nous est échappé.

COQUEREL.
Quoi toujours cet exempt...

SERREFORT.
Le voilà rattrapé.

CHOEUR.
Nous savions bien que c'était un voleur,
Le voilà pris, quel bonheur !

SERREFORT *et* LES EXEMPTS.
Nous le tenons, il est à nous ;
Mes chers amis, retirez-vous,
De par le roi nous l'emmenons,
Du prisonnier nous répondons.

COQUEREL.
Quoi! l'on m'entraîne,
Ame inhumaine,
Qu'hélas, ma peine !
Ne peut fléchir !
Quand je réclame
En vain ma femme,
La mort dans l'ame
Il faut partir ;
Je me sens défaillir,
Tant mon cœur est ému !
Grand Dieu, veillez sur sa vertu ;
Si je m'en vais je suis perdu.

On entraîne Coquerel; au même moment le comte se glisse dans la chambre de gauche; Coquerel rentre précipitamment et veut courir après le comte; mais les exempts et les paysans lui barrent le passage; il s'évanouit. Le rideau tombe.

Le théâtre représente la chambre de Coquerel ; à droite de l'acteur, au fond, une porte; au coin, à gauche, un escalier tournant praticable qui traverse le théâtre du haut en bas. Il est censé donner dans le magasin du rez-de-chaussée et conduire par le haut au grenier ; une porte latérale à droite; commodes, siéges, mobilier simple.

ACTE TROISIEME.

SCENE PREMIÈRE.

ANGÉLIQUE, *en toilette de mariée, seule, assise près d'une table où brûle une bougie qui va s'éteindre.*

RÉCITATIF.
De Saint-Jacques* j'entends l'horloge solitaire,
Qui sonne lentement les heures de la nuit !
Et près de ce flambeau qui, seule, hélas ! m'éclaire
J'attends... et sens mon cœur tressaillir de dépit !

CAVATINE.
Ah! c'est bien la peine
D'avoir un mari ;
Ah! c'est bien la peine
De n'aimer que lui !
Quand l'hymen m'enchaîne,
Seule me voici !
Et j'ai peur ici...
Oui, j'ai peur ici...
Ah! c'est bien la peine
D'avoir un mari !
Regardant autour d'elle avec crainte.
Hélas !... jeune fille,
J'avais quelque espoir
D'être assez gentille...
Et dans mon miroir
Mes yeux croyaient lire
Qu'un jour je plairais !...
Qui peut donc me dire
Si je me trompais !...
Ah ! c'est bien la peine
D'avoir un mari,

---

* Saint-Jacques-la-Boucherie, ancienne paroisse de la rue des Lombards.

Ah! c'est bien la peine
De compter sur lui.
Détachant les épingles de sa coiffure.
Quand l'hymen m'enchaîne,
Déjà me voici
A l'attendre ainsi!...
Seule... oui, seule ici...
Ah! c'est bien la peine
D'avoir un mari.
Mouvement de valse.
Détachons ces dentelles,
Ces parures nouvelles,
Inutiles, hélas!...
Dans ma douleur mortelle,
A quoi sert d'être belle?
Il ne me verra pas!

Elle ôte son bouquet de mariée, qu'elle jette sur la table, puis tout-à-coup elle écoute.

Dans l'ombre et le silence
Quel bruit a retenti :
Quelqu'un monte ou s'avance...
Ah! c'est lui! c'est bien lui !...

Reprenant son bouquet et rajustant sa coiffure.

Rajustons ces dentelles
Et ces parures nouvelles,
Tout mon cœur bat d'espoir!
Que mon dépit s'oublie,
Je veux être jolie,
Puisque je vais le voir.
Enfin je vais le voir !

Écoutant encore.

Mais non... je m'abusais... partout même silence !
Tout est calme... excepté mon cœur.
C'est trop long temps souffrir une pareille offense,
Et je me vengerai, j'en jure sur l'honneur.

CABALETTA.

Agitato, mouvement de galop.

O ma mère!... ô ma mère !...
Qu'en ma juste colère
Votre exemple m'éclaire ;
Que j'apprenne de vous
Par quel art, quelle adresse,
Ma haine vengeresse
Pourra faire sans cesse
Enrager mon époux !
Ah! cette fois, je ne m'abuse pas !
On vient en bas de refermer la porte.
Oui, j'entends le bruit de ses pas !
Le voici !... mais n'importe !
Il est trop tard ! à mon tour, à présent.
Et dans ma chambre enfermons-nous de sorte
Qu'il aura beau frapper... oui, frappe maintenant,
Qu'il gronde ! qu'il se fâche ! et mon cœur est content.
O ma mère !... ô ma mère !.
Qu'en ma juste colère
Votre exemple m'éclaire,
Que j'apprenne de vous
Par quel art, quelle adresse,
Ma haine vengeresse
Pourra faire sans cesse
Enrager mon époux.

Elle entre dans la chambre à gauche, et on lui entend fermer trois verroux ; au moment où s'ouvre la porte du fond, paraît madame Bergamotte.

SCENE II.

Mme BERGAMOTTE, *seule.*

Il est déjà grand jour... et point de nouvelles des mariés... personne ne paraît encore... Je n'y tiens pas... d'autant que dans les convenances c'est la mère qui, le lendemain, doit être la première à féliciter le jeune époux !... Avec ça que ma fille était si inquiète hier soir... à minuit... quand je l'ai quittée avec les pleurs et les bénédictions d'usage...(*Avec une petite voix.*) «Ah! ma mère... M. Coquerel... — Il va venir, mon enfant!... c'est son état qui le retient... l'état avant tout, c'est ainsi dans le commerce... c'est fort exigeant !... — Ah! ma mère, ne vous en allez pas. — Il le faut, mon enfant, rassure-toi... De la raison, madame Coquerel, de la raison...» et elle n'en manque pas. Il est impossible que cet enfant-là ne tienne pas de sa mère. (*S'approchant de la porte.*) Je n'entends rien. (*Frappant doucement.*) On ne répond pas... ma foi, au risque de les réveiller... (*Elle frappe plus fort ; puis plus fort encore.*) Il est impossible de dormir à ce point-là... c'est d'une inconvenance !...

Pendant qu'elle frappe de nouveau, la porte du fond s'ouvre et paraît la comtesse vêtue en bourgeoise, la cornette, le tablier noir, etc., etc.

SCENE III.

Mme BERGAMOTTE, *frappant toujours,* LA COMTESSE.

Mme BERGAMOTTE, *se retournant.*

Qui vient là, à cette heure-ci? que demandez-vous, madame ?

LA COMTESSE.

M. Coquerel...

Mme BERGAMOTTE.

Il n'y est pas... c'est-à-dire il y est ; mais il n'est pas visible, il dort encore...

LA COMTESSE.

Alors, je l'attendrai...

Mme BERGAMOTTE.

C'est étonnant, une étrangère !... car madame n'est pas du quartier, je ne la connais pas... Et que voulez-vous à mon gendre ? car c'est mon gendre... que lui voulez-vous, s'il vous plaît ?

LA COMTESSE, *avec embarras.*

Lui parler !... pour ses intérêts ; c'est pour cela que j'arrive... que je viens...

Mme BERGAMOTTE.

Je devine !... vous êtes la demoiselle de boutique qu'il attend... mademoiselle Dorothée, que lui envoie sa tante Mignonette de Gisors.

LA COMTESSE, *vivement.*

Oui, madame, c'est justement cela...

Mme BERGAMOTTE.

Eh bien ! ma chère demoiselle, si vous veniez ici pour être à la tête de la maison... il y a bien du changement depuis hier, M. Coquerel est marié... marié, entendez-vous !... c'est vous dire assez que votre présence ne convient guère à ma fille ni à moi; car il n'y a plus qu'une personne qui doit commander ici... c'est ma fille, que j'ai élevée à m'obéir... J'entends du bruit chez elle. (*Frappant.*) Ma fille... mon gendre !... (*A la comtesse.*) Nous allons avoir une explication à ce sujet... C'est moi, ma fille... c'est ta mère bien-aimée. (*A la porte qui s'entr'ouvre.*) Peut-on entrer, madame Coquerel ?

ANGÉLIQUE, *dans la chambre.*

Oui, ma mère !...

Mme BERGAMOTTE.

Ah! enfin! Vous pouvez attendre ici... ce ne sera pas long.

Elle entre sur la pointe du pied ; la porte se referme.

SCÈNE IV.
LA COMTESSE, puis COQUEREL.

LA COMTESSE.

Voilà une belle-mère charmante !... et pour son réveil de noces, ce pauvre Coquerel va avoir une scène !... Enfin et malgré la lettre de cachet, il est revenu hier soir chez lui, près de sa femme !... c'est l'essentiel ; et maintenant il faut, sans me faire connaître, empêcher M. le comte... Dieu !... que vois-je ?

COQUEREL, *paraissant à la porte du fond, pâle, en désordre et se soutenant à peine ; il s'arrête un instant, puis entre rapidement et sans voir la comtesse qui reste derrière lui.*

Quelle nuit !... quel voyage !... Je suis entré par le grand escalier, n'osant passer par la boutique, de peur qu'on ne me vit; car, à cette heure-ci... (*S'approchant de l'escalier.*) J'entends parler !... toutes ces demoiselles y sont... et avant qu'on ne soit de nouveau sur mes traces, prenons de l'argent et partons ; car il me restait pour fuir à l'étranger un petit écu ! (*Apercevant la comtesse.*) Dieu ! l'on m'a vu... Qui va là... d'où venez-vous ?

LA COMTESSE.

De Gisors...

COQUEREL, *lui sautant au cou.*

Ah! Dorothée ! ma chère Dorothée !... c'est vous que m'envoie ma tante Mignonette ! Bénis soient le ciel et la diligence qui vous amènent !

LA COMTESSE, *se dégageant de ses bras.*

Prenez donc garde... une pareille manière de faire connaissance.

COQUEREL.

Que voulez-vous ?... c'est le malheur, le malheur qui rapproche la distance, et m'a fait perdre la tête... depuis hier soir... quand j'ai vu M. le comte entrer dans cette chambre... dans la chambre jaune... au moment même où ce scélérat d'exempt m'entraînait, il m'a pris comme un vertigo... un délire... Je ne pensais plus qu'à ma femme... car je suis marié, Dorothée... marié depuis hier... Je n'ai pas eu le temps de vous en faire part.

LA COMTESSE, *feignant la surprise.*

Marié?

COQUEREL.

Qand je dis marié !... c'est une manière de parler... Tant il y a, Dorothée, qu'ils m'emmenaient... et cette fois, impossible de me sauver... ce n'est qu'au pont de Saint-Cloud, au moment où nous traversions la Seine... une fièvre chaude... une idée... et encore une idée... je ne sais pas si j'en avais dans ce moment; mais je me suis précipité...

LA COMTESSE, *effrayée.*

Par désespoir !...

COQUEREL.

Par-dessus le pont. Il est vrai que nous sommes au mois d'août, et que par malheur je sais nager ; aussi, lorsque j'ai été là... l'envie de périr m'a passé tout de suite... c'est étonnant comme ça s'en va vite... mais j'avais dépisté mes alguazils, qui m'auront cru mort. J'ai abordé près du bois de Boulogne, à Longchamps, où je me suis promené en amateur ; ce qui m'a séché et a empêché la fluxion de poitrine... Voilà, Dorothée, comment j'ai passé la nuit de mes noces.

LA COMTESSE.

Pauvre garçon !...

COQUEREL.

Ce n'est rien encore, et je suis bien heureux de trouver une amie... une personne de confiance... Je vais vous remettre mes notes, mes instructions, et vous placer à la tête de ma maison en mon absence; car moi, je pars... je devrais être parti ! (*A demi-voix.*) La Bastille, ma chère amie !... la Bastille qui me poursuit...

LA COMTESSE.

Il y a peut-être des moyens de vous en préserver.

COQUEREL.

Je m'étais marié pour ça... et tout a tourné contre moi. Il y a de quoi rendre misanthrope... et je suis, Dorothée, le plus infortuné des maris et des confiseurs.

LA COMTESSE.

Quoi !... vous pouvez croire que votre femme...

COQUEREL.

M'a trahi indignement...

LA COMTESSE.

Allons donc !...

COQUEREL.

Je l'ai vu !...

LA COMTESSE.

Ce n'est pas possible !

COQUEREL.

Je l'ai vu !...

LA COMTESSE.

Vous vous êtes trompé !...

COQUEREL.

Ah! Dorothée !... vous venez bien de chez ma tante Mignonette ; car voilà déjà que vous m'impatientez comme elle !... Quand un mari vous dit qu'il a des preuves... qu'il a vu de ses yeux...

LA COMTESSE.

Ce n'est pas une raison... Silence !... on vient !

SCENE V.

Les Mêmes, DUBOIS.

DUBOIS, *s'avançant mystérieusement près de Coquerel qui est sur le devant du théâtre.*
Vous qui êtes de la maison, pourriez-vous me faire parler à Mᵐᵉ Coquerel?

COQUEREL.
Moi?

DUBOIS, *à part.*
Le mari!... que je croyais à la Bastille... (*Passant près de la comtesse.*) Ma chère enfant, un louis pour vous si vous éloignez cet original et me faites parler à votre jeune maîtresse...

LA COMTESSE, *se retournant.*
En vérité?

DUBOIS, *stupéfait et à voix basse.*
Dieu!... Mᵐᵉ la comtesse!... Je perds la tête, je deviens absurde!

COQUEREL, *bas à la comtesse de l'autre côté.*
Ce valet sait que je suis ici, c'est fait de moi.

LA COMTESSE, *de même.*
Ne craignez rien. (*Haut à Dubois.*) Vous n'aurez pas vu monsieur, entendez-vous?

DUBOIS, *tremblant.*
Oui, oui, madame.

LA COMTESSE.
Ou je vous fais jeter par la fenêtre.

COQUEREL, *effrayé.*
Y pensez-vous?

LA COMTESSE.
Puisque vous m'avez mis à la tête de votre maison, il faut bien que je commande.

COQUEREL.
Je ne demande pas mieux, Dorothée, surtout de pareilles choses; ça me fera même plaisir.

LA COMTESSE.
Ecrivez les notes que vous deviez me donner, et laissez-moi faire.

COQUEREL, *se mettant à table et écrivant.*
Tout ce que vous voudrez, pourvu que vous me tiriez de là.

LA COMTESSE.
Je m'en charge. (*Faisant signe de la main à Dubois de s'approcher d'elle, et à demi-voix.*) Tu sais ce que tu as mérité et ce qui t'attend?

DUBOIS, *tremblant.*
Oui, madame la comtesse.

LA COMTESSE.
Ton maître lui-même ne pourrait te sauver; ta franchise seule peut le faire.

DUBOIS, *de même.*
Oui, madame la comtesse.

LA COMTESSE.
Qui t'amène ici? quel motif?... Et d'abord que s'est-il passé hier à Chaville après ce mariage? Prends garde, car je saurai la vérité.

DUBOIS.
Aussitôt après le mariage, M. Serrefort, l'exempt, a emmené M. Coquerel, pour le conduire, disait-on, en prison.

LA COMTESSE.
C'est vrai!

DUBOIS.
Et dans la chambre au premier, dans la vôtre qu'on avait donnée à Mˡˡᵉ Angélique, la jeune mariée, j'ai vu dans l'obscurité se glisser M. le comte.

LA COMTESSE.
C'est vrai!

DUBOIS.
Il n'y avait pas cinq minutes qu'il y était, sans obtenir, m'a-t-il dit depuis, un seul mot de la jeune mariée, qu'est arrivé un coureur de Versailles, un ordre du roi.

LA COMTESSE.
C'est vrai! (*A part.*) Sans cela, j'allais le démasquer et le confondre.

DUBOIS.
Un ordre qui l'appelait à l'instant même à un conseil extraordinaire, au milieu de la nuit; il a fallu partir, et M. le comte était furieux, ce qui prouvait bien qu'il n'était point coupable.

LA COMTESSE.
Il suffit!

DUBOIS.
Et voilà pourquoi M. le comte m'envoie lui dire ce matin qu'il va venir déjeuner en tête-à-tête avec elle.

COQUEREL, *qui s'est levé en entendant ces derniers mots.*
En tête-à-tête?

LA COMTESSE, *le renvoyant à la table.*
Ecrivez donc, écrivez toujours; je vous ai dit que ça me regardait. (*A Dubois.*) Approche ici; M. le comte connaît-il ton écriture?

DUBOIS.
A peine si j'en ai une, et encore je ne m'en sers jamais, par égard pour mes maîtres.

LA COMTESSE.
C'est bien, attends-moi là.

DUBOIS, *avec respect, et se retirant quelques pas à l'écart.*
Oui, madame.

COQUEREL, *à part.*
Quelle femme! comme elle commande! c'est là ce qu'il fallait dans ma maison (*Haut.*) Voici les clefs de tout, et mes pleins pouvoirs que je vous remets.

LA COMTESSE, *prenant les clefs et les papiers qu'il lui présente.*
J'accepte; et pour commencer, vous, Coquerel, cachez-vous.

COQUEREL.
Je le préfère, Dorothée; il y a là-haut un grenier où je serre mes provisions.

LA COMTESSE.
Restez-y, ne vous montrez pas, je saurai assurer votre bonheur et votre liberté; ayez confiance en moi qui ne veux pas vous tromper.

COQUEREL.
Oui, Dorothée, et moi, de mon côté, je doublerai vos gages, et vous commanderez toujours.

La comtesse fait un signe à Dubois, qui sort en tremblant après elle.

SCENE VI.
COQUEREL, seul.

Au fait, pourquoi me tromperait-elle? elle n'est pas ma femme, et elle a de l'aplomb, du sang-froid, de la tête, tout ce qui me manque; et quoi qu'il arrive, je suis déterminé à la seconder; ce qu'elle me demande d'abord, c'est de me cacher; allons, du cœur, et cachons-nous.

Il monte lentement l'escalier à droite.

SCENE VII.
COQUEREL, ANGÉLIQUE, *sortant de la porte à gauche.*

ANGÉLIQUE, *en peignoir blanc, et parlant à la cantonnade.*
Oui, ma bonne mère, je suivrai vos conseils.
COQUEREL, *à part.*
Dieu! ma femme chez moi! en déshabillé du matin... et elle est seule!... Ah! je ne me sens pas d'amour et de colère.

A chaque phrase, il a redescendu une marche et se trouve en scène près d'Angélique.

ANGÉLIQUE.
Certainement, je ferai ce que m'a conseillé ma mère, et pour commencer, je le déteste déjà. (*Se retournant et apercevant Coquerel.*) Ah! le voici!
COQUEREL, *à part.*
Elle m'a vu! Allons, Coquerel, du caractère!... et après ce qui s'est passé, de la férocité même au besoin; c'est à moi de lui parler le premier.

DUO.

ANGÉLIQUE, *d'un air piqué et sans lui laisser le temps de la questionner.*
Peut-on savoir, monsieur, d'où vous venez ainsi?
COQUEREL, *à part, indigné.*
Elle ose encor m'interroger ici?...
En honneur, son audace est grande.
ANGÉLIQUE.
Eh bien donc, cette nuit... veuillez me regarder,
Qu'avez-vous fait?... je le demande.
COQUEREL.
Moi, je n'ose le demander.
ANGÉLIQUE, *pleurant presque.*
Depuis le soir jusqu'à l'aurore,
Oui, monsieur, j'attendais...
Avec un soupir.
Comme j'attends encore!...
COQUEREL, *furieux.*
Vous m'attendiez!... c'est une horreur!...
Vous m'attendiez en compagnie!...
Quel sang-froid!... quelle perfidie!...
ANGÉLIQUE.
J'étais seule, et j'avais bien peur.
COQUEREL, *avec indignation.*
Vous étiez seule!... cœur trompeur!...
Quand hier, ce n'est pas un songe,
J'ai vu le comte entrer chez vous!...
ANGÉLIQUE, *révoltée.*
Monsieur le comte!... ah! quel mensonge!...
COQUEREL.
Je l'ai vu!... vu!... de mes deux yeux d'époux!...

ENSEMBLE.
ANGÉLIQUE, *pleurant.*
C'est indigne!... c'est infâme!...
Qui de lui m'eût dit cela?...
A peine suis-je sa femme
Qu'il me querelle déjà!
Ah!... ah!... ah!... ah!... ah!...
Il me fait pleurer déjà,
Ah!... ah!... ah!... ah!...
COQUEREL.
C'est indigne, c'est infâme!...
Qui d'elle m'eût dit cela?...
A peine est-elle ma femme
Qu'elle me trompe déjà!...
Ah!... ah!... ah!... ah!... ah!...
Ah! elle pleure déjà!...
Ah!... ah!... ah!... ah!...
COQUEREL, *voulant calmer ses pleurs.*
Écoute-moi!...
ANGÉLIQUE, *pleurant.*
Quel mauvais caractère!...
COQUEREL.
Écoute-moi!...
ANGÉLIQUE, *de même.*
Quels indignes détours!...
COQUEREL.
Un mot, de grâce!...
ANGÉLIQUE, *pleurant et appelant.*
Ah! ma mère! ma mère!...
COQUEREL.
Écoute-moi!...
ANGÉLIQUE, *sanglotant.*
Venez à mon secours!...
COQUEREL, *suppliant.*
Taisez-vous donc! taisez-vous, Angélique!...
Entre nous deux que tout s'explique!...
ANGÉLIQUE, *criant plus fort.*
Non, non, monsieur, c'est à maman
A me venger de mon tyran!...
COQUEREL, *révolté.*
Un tyran! moi! le confiseur
Le plus connu par sa douceur!...
ENSEMBLE.
ANGÉLIQUE.
C'est indigne!... c'est infâme!...
Qui de lui m'eût dit cela!...
A peine suis-je sa femme
Qu'il me querelle déjà?
Ah!... ah!... ah!... ah!... ah!...
Il me fait pleurer déjà,
Ah!... ah!... ah!... ah!...
COQUEREL.
C'est indigne!... c'est infâme!...
Qui d'elle m'eût dit cela?
A peine est-elle ma femme
Qu'elle me trompe déjà!
Ah!... ah!... ah!... ah!... ah!...
Ah! elle pleure déjà!...
Ah!... ah!... ah!... ah!...

SCENE VIII.
Les Mêmes, Mme BERGAMOTTE.

Mme BERGAMOTTE, *sortant de la gauche.*
Quel est ce bruit?
ANGÉLIQUE, *courant à sa mère.*
Maman!...

Mme BERGAMOTTE, *avec dignité.*
Eh quoi ! c'est vous, mon gendre ?
COQUEREL.
Écoutez-moi !...
Mme BERGAMOTTE, *impérieusement.*
Vous avez tort.
COQUEREL.
Je veux vous expliquer comment...
Mme BERGAMOTTE, *impérieusement.*
Vous avez tort !
COQUEREL.
Laissez-moi vous faire comprendre.
Mme BERGAMOTTE.
Ma fille m'a tout dit... et j'ai compris d'abord
Que vous seul, mon gendre, aviez tort !
ANGÉLIQUE, *pleurant.*
N'est-il pas vrai, maman ?
Mme BERGAMOTTE.
Oui, ma fille, il a tort !
ANGÉLIQUE, *à Coquerel.*
Vous voyez bien que même ma famille
Est contre vous...
COQUEREL.
J'en conviens ! mais encor.
Mme BERGAMOTTE, *d'un air triomphant et en interrompant Coquerel.*
C'est bien heureux ! il convient qu'il a tort.
COQUEREL.
Du tout !... du tout !... je n'ai pas tort.

ENSEMBLE.

Mme BERGAMOTTE.
Votre ton me choque,
Votre air me suffoque,
Et mon cœur invoque
Le ciel en courroux !
Fais, Dieu tutélaire,
Qu'un arrêt sévère
Punisse sur terre
Tout coupable époux.

COQUEREL.
De moi l'on se moque,
D'honneur, je suffoque,
Et mon cœur invoque
Le dieu des époux
Qui, dans sa colère,
A mis sur la terre
Chaque belle-mère
Pour nous damner tous.

ANGÉLIQUE.
Conduite équivoque,
Dont mon cœur suffoque,
Contre lui j'invoque
Le ciel en courroux !
Fais, Dieu tutélaire,
Qu'un arrêt sévère
Punisse sur terre
Tout coupable époux.

Mme BERGAMOTTE.
Allez ! allez ! c'est un outrage insigne !
Qu'à sa place, moi, jamais
Je ne vous pardonnerais !
COQUEREL.
Qu'ai-je donc fait ?
ANGÉLIQUE, *pleurant.*
Ah ! c'est trop fort !
Il demande quel est son tort.
COQUEREL, *à Angélique.*
Mais permettez...
ANGÉLIQUE, *toujours pleurant.*
Ah ! vous avez eu tort.

COQUEREL, *à Mme Bergamotte.*
Quand vous saurez...
Mme BERGAMOTTE.
Vous avez eu grand tort.
COQUEREL, *s'impatientant.*
Quel tort enfin ?
Mme BERGAMOTTE, *avec dignité.*
Monsieur, cessez de feindre.
Vous n'avez pas besoin d'efforts
Pour reconnaître tous vos torts.
Mme BERGAMOTTE *et* ANGÉLIQUE.
Un jour de noces, avoir tant de torts...
COQUEREL.
C'en est trop ! je ne puis plus long-temps me contraindre !
ANGÉLIQUE, *tombant dans les bras de sa mère.*
Ah !... ah !...
Mme BERGAMOTTE.
Mon gendre !...
COQUEREL.
Eh bien ?...
Mme BERGAMOTTE.
O contre-temps fatal !...
De l'éther ! du vinaigre !... elle se trouve mal !...

ENSEMBLE.

Mme BERGAMOTTE.
Dieu !... elle suffoque !...
Votre aspect la choque,
Et mon cœur invoque
Le ciel en courroux.
Fais, Dieu tutélaire,
Qu'un arrêt sévère
Punisse sur terre
Tout coupable époux.

COQUEREL.
Dieu !... elle suffoque !...
L'effroi m'interloque,
En tremblant j'invoque
Le dieu des époux,
Qui, dans sa colère,
A mis sur la terre
Chaque belle mère
Pour nous damner tous.

ANGÉLIQUE.
Hélas ! je suffoque !...
En lui tout me choque,
Et mon cœur invoque
Le ciel en courroux !
Fais, Dieu tutélaire,
Qu'un arrêt sévère
Punisse sur terre
Tout coupable époux !

Sur la ritournelle de cet ensemble, Angélique, qui s'est assise, revient à elle peu à peu.

Mme BERGAMOTTE.
Mon gendre, mon gendre, elle revient ; elle va mieux, et je suis sûre que si vous lui demandiez pardon...
COQUEREL.
Moi, (*indigné*) par exemple !
ANGÉLIQUE, *à sa mère en poussant un cri.*
Ah !
Mme BERGAMOTTE.
Ça lui reprend.
COQUEREL, *effrayé et à part.*
O ciel ! (*Haut.*) Eh bien, Angélique, ma petite Angélique, ne sois pas malade ; je te crois, je te pardonne, non, je te demande pardon.

ANGÉLIQUE.
A la bonne heure; depuis hier soir que je suis ici, chez vous, à vous attendre.

COQUEREL, étonné.
Chez moi?

ANGÉLIQUE.
Oui, monsieur, j'y suis venue dans la voiture de Mme la comtesse; demandez à ma mère.

COQUEREL.
Et le comte?

ANGÉLIQUE.
Resté à Chaville, tout seul!

COQUEREL.
Non, non, ce n'est pas possible.

ANGÉLIQUE.
Il en doute encore.

UNE DEMOISELLE DE BOUTIQUE, appelant du bas de l'escalier.
Madame Bergamotte! madame Coquerel!

Mme BERGAMOTTE, courant à l'escalier.
Qu'est-ce que c'est?

LA DEMOISELLE DE BOUTIQUE, toujours d'en bas.
Une voiture pour vous! une voiture de la cour!

Mme BERGAMOTTE.
La cour!... dans la rue des Lombards...

LA DEMOISELLE DE BOUTIQUE.
C'est M. le comte de Coaslin...

TOUS TROIS, avec un sentiment différent.
M. le comte!...

Mme BERGAMOTTE.
Qu'il n'entre pas dans la boutique... mais par la grande porte... c'est plus noble!... et plus large! (Descendant l'escalier tournant.) Dieu! M. le comte!... je cours le recevoir!...

SCÈNE IX.
ANGÉLIQUE, COQUEREL.

COQUEREL.
Et moi, je me sauve!

ANGÉLIQUE, le retenant.
Non, monsieur... vous resterez!... pour demander à M. le comte lui-même ce qui en est.

COQUEREL, à part.
Miséricorde!... s'il me voit je suis perdu... (Dans le plus grand trouble.) Je vous crois, Angélique!... je vous crois... sans comprendre... mais il faut que je m'en aille...

ANGÉLIQUE.
Encore!...

COQUEREL.
Il le faut!...

ANGÉLIQUE.
Et pourquoi donc?

COQUEREL.
Je vous l'ai dit hier, à Chaville... quand je suis entré par la fenêtre!... (Avec impatience.) Après notre mariage... et que je vous ai tout raconté... vous savez!...

ANGÉLIQUE.
Moi!... je ne vous ai ni vu ni parlé... c'est ce dont je me plains!...

COQUEREL, hors de lui.
C'est à en perdre la tête... c'est égal... je n'ai pas le temps de me remettre en colère!... j'ai trop peur... tout ce que je vous demande, Angélique, c'est de ne pas dire à M. le comte que je suis ici et que vous m'avez vu!

ANGÉLIQUE.
A cause?

COQUEREL.
A cause que s'il le sait... je suis anéanti... je suis mort... obligé de vous quitter... de ne plus vous voir...

ANGÉLIQUE, vivement.
Je ne dirai rien... je me tairai...

COQUEREL, avec douleur.
Ah! l'on croirait encore qu'elle m'aime!...

ANGÉLIQUE, tendrement.
Si je vous aime, ingrat!

COQUEREL, emporté par son amour.
Angélique!...

ANGÉLIQUE, baissant les yeux.
Eh bien! monsieur...

COQUEREL, la pressant contre son cœur.
Angélique!... (S'éloignant vivement.) J'ai cru que l'on venait... que l'on montait l'escalier... (Avec désespoir.) Et s'éloigner dans un pareil moment... céder sa place à un rival... ce ne sera pas du moins sans vengeance. (Il embrasse vivement Angélique sur le cou, puis il se retourne tout effrayé.) Non... personne... (S'animant.) Arrivera ce qu'il pourra! la peur me donne du courage... et dans la rage que j'éprouve! (Second baiser; puis il se retourne en tremblant.) Hein! j'ai cru entendre... que m'importe, après tout?... c'est mon bien!... c'est ma femme!... et quand la mort serait là... en face!...

ANGÉLIQUE, pendant qu'il l'embrasse.
A la bonne heure, au moins!...

COQUEREL, se retournant vivement en tremblant.
O ciel!... non, personne encore!... (S'exaltant.) Tant pis!... ce baiser-là m'a donné du cœur... je ne crains plus rien... qu'il vienne... qu'il se présente...

LE COMTE, en dehors, à la porte du fond.
C'est bien, madame Bergamotte, ne vous donnez pas de peine.

COQUEREL, s'enfuyant sur l'escalier.
Dieu!... le voilà!...

ANGÉLIQUE, se retournant et ne voyant plus son mari.
Eh bien!... déjà?...

SCÈNE X.
ANGÉLIQUE, LE COMTE, COQUEREL, sur l'escalier.

LE COMTE, à la cantonade.
Je vous répète que c'est trop de cérémonies... que c'est me désobliger...

ANGÉLIQUE.
Qu'est-ce donc, monsieur le comte?

LE COMTE.
Votre mère, ma belle enfant, qui, sachant que

je déjeune ici, prépare un repas à trois services et met à contribution toute la boutique de son gendre.

COQUEREL, *à part, sur l'escalier.*
Il ne manquait plus que cela.

LE COMTE.
Ce qui est parfaitement inutile ; car tout ce que je veux... tout ce que je demande... c'est de déjeuner avec vous... avec vous seule... le ciel me doit ce dédommagement.

ANGÉLIQUE.
Vous êtes bien bon, monseigneur.

LE COMTE.
Convenez aussi, ma chère enfant, qu'il n'y a jamais eu de contrariété pareille?... être obligé, hier au soir de vous quitter aussi brusquement...

COQUEREL, *redescendant une marche.*
Hein?

ANGÉLIQUE, *étonnée.*
Que voulez-vous dire?...

LE COMTE.
Sans avoir obtenu de vous un mot, un seul mot ; et pourquoi, je vous le demande, ce silence obstiné?...

ANGÉLIQUE, *très-surprise.*
Comment, monseigneur?...

LE COMTE.
Que démentait votre trouble, votre émotion...

COQUEREL, *redescendant une marche.*
Ah! mon Dieu!...

LE COMTE.
Ce baiser même, que vous n'avez pas repoussé...

COQUEREL, *de même.*
C'est fait de moi!...

ANGÉLIQUE, *naïvement.*
Quoi!... ce baiser d'hier... avant mon mariage... quand je vous ai dit que j'aimais M. Isidore Coquerel...

COQUEREL, *avec joie, remontant une marche.*
Quel bonheur!...

ANGÉLIQUE.
Que j'étais bien heureuse de l'épouser.

COQUEREL, *à demi-voix.*
Je suis sauvé!

ANGÉLIQUE.
Et que je vous embrassais de bon cœur pour vous en remercier... Si ce n'est que cela, monseigneur, il n'y a pas de quoi être ravi!...

COQUEREL, *remontant la dernière marche.*
Mes actions remontent.

LE COMTE.
Non pas!... non pas!... entendons-nous... je veux dire après le départ de Coquerel...

COQUEREL, *redescendant une marche.*
Mes actions redescendent!

LE COMTE.
Quand... dans votre appartement!...

COQUEREL, *de même.*
Je frissonne...

LE COMTE.
Et seule avec moi...

COQUEREL, *de même.*
Je suis perdu!...

ANGÉLIQUE.
Jamais!... jamais!... et c'est drôle, monseigneur... vous voilà juste comme Coquerel... qui disait ce matin m'avoir parlé à Chaville...

LE COMTE, *avec colère.*
Coquerel!... ce matin... vous l'avez aperçu?

COQUEREL, *remontant rapidement jusqu'en haut.*
Maladroite!...

ANGÉLIQUE, *à part.*
Dieu!... ce qu'il m'avait recommandé...

LE COMTE, *avec colère.*
Répondez... vous l'avez donc vu?

ANGÉLIQUE.
Oh!... si peu!... si peu, que ce n'est pas la peine d'en parler.

LE COMTE.
Qu'est-ce que cela signifie? (*Apercevant une table toute servie, que Mme Bergamotte fait apporter par la porte du fond.*) A l'autre, maintenant, il s'agit bien cela!

Mme BERGAMOTTE, *à des demoiselles de boutique qui sont entrées avec elle.*
Approchez cette table, et maintenant apportez les hors-d'œuvre chauds.

LE COMTE, *prenant Mme Bergamotte à part pendant que les demoiselles de boutique sortent.*
Venez, venez, j'ai à vous parler de votre gendre !

SCENE XI.

LES MÊMES, Mme BERGAMOTTE.

Mme BERGAMOTTE.
Et moi aussi, monseigneur, j'ai peur que ce ne soit un mauvais sujet et qu'il ne se dérange. Ça commence déjà il n'est rentré ce matin qu'à six heures! quelle horreur!

LE COMTE.
Rentré?

Mme BERGAMOTTE.
Jugez de la colère de ma pauvre enfant, qui a fini par lui pardonner, parce que nous pardonnons toujours!

LE COMTE.
Il est donc ici?

Mme BERGAMOTTE.
Certainement.

COQUEREL, *à part.*
Détestable belle-mère!

ANGÉLIQUE.
Non, monseigneur, non, il est parti, il n'y est plus depuis long-temps!

COQUEREL, *à part.*
O ma chère femme!

ANGÉLIQUE.
Depuis trois ou quatre heures.

Mme BERGAMOTTE.
Je viens de le voir, il était là avant vous.

LE COMTE.
Avant mon arrivée! ils s'entendent donc pour jouer, pour me tromper!

SCENE XII.

Les Mêmes, DUBOIS.

LE COMTE, *à Dubois qui paraît embarrassé et qui tient une lettre à la main.*
Et toi, imbécile! que veux-tu avec cet air effaré! Et cette lettre, de qui est-elle?

DUBOIS, *hésitant.*
De... de M. Coquerel.

COQUEREL, *sur l'escalier.*
De moi? Eh bien! par exemple!

DUBOIS.
Il vient de l'écrire en bas, dans la boutique devant moi.

COQUEREL, *à part.*
Voilà qui est fort!

LE COMTE, *arrachant la lettre.*
Devant toi! lui qui depuis hier devait être à la Bastille. Ce damné confiseur est donc insaisissable; ce prisonnier est donc partout, excepté en prison. (*Il décachète la lettre, et pour la lire, il s'approche, ainsi que Dubois, de l'escalier où est Coquerel qui écoute; pendant ce temps, Angélique et sa mère rangent sur la table les plats de dessert et approchent les chaises.*) Quelle écriture! à peine si on peut la déchiffrer.

DUBOIS, *à part.*
C'est ce que je disais à madame, qui a voulu malgré ça, et ça me fait une peur.

LE COMTE, *lisant.*
« Me voici enfin dans mon ménage et près de » ma femme. » Quelle audace! « Le bonheur rend » généreux, monseigneur, et je viens reconnaître » vos soins par un bon avis. » Il ne mourra que de ma main! (*Coquerel effrayé remonte une marche.*) « Quand on veut enlever la femme des au- » tres il faut prendre garde à la sienne; je vous » préviens que Mme la comtesse a passé hier la » nuit hors de l'hôtel, et que ce matin, moi et » votre valet de chambre Dubois l'avons aperçue » déguisée dans une voiture de place. » O ciel! (*A Dubois, en cherchant à se contraindre.*) Tu l'entends, est-ce vrai?

DUBOIS, *avec effroi.*
Oui, oui, monseigneur.

LE COMTE, *poussant un cri de rage.*
Trahi! bafoué par eux tous, et c'est un pareil homme qui possède mon secret. (*A Dubois.*) Fais approcher ma voiture.

DUBOIS.
Vous l'avez renvoyée.

LE COMTE.
Va la chercher, qu'elle vienne! puis cours chez Serrefort; qu'il mette tout son monde à la poursuite de Coquerel : il me le faut.

COQUEREL, *à part.*
Je me défendrai comme un lion!

LE COMTE, *avec force.*
S'il fait la moindre résistance, qu'on le tue, je paierai le dégât, un confiseur, c'est dix écus.

Coquerel effrayé monte l'escalier et disparaît tout-à-fait.

Mme BERGAMOTTE, *s'approchant du comte.*
Si monseigneur veut déjeuner, tout est prêt!

LE COMTE, *à part, avec impatience.*
Ah! j'ai bien appétit, vraiment! mais que ces petites gens-là ne se doutent de rien, et en attendant ma voiture... (*Haut et d'un air gracieux.*) Comment donc, un repas royal, on se croirait à Versailles.

La table a été avancée au bord de la rampe ; le comte remonte le théâtre et pose sur un fauteuil son chapeau et son épée qu'il défait. Mme Bergamotte s'empresse à l'aider. Pendant ce temps, Coquerel a descendu tout doucement l'escalier, et se trouve près d'Angélique, qui est debout, près de la table à droite.

COQUEREL.
Ma femme! je te rends mon estime, mon amour, et pour toi maintenant je braverais tout.

Apercevant le comte qui vient de se retourner, il se baisse vivement et se met presque à genoux près d'Angélique qui le cache de sa robe. Le comte s'avance vers Angélique.

FINAL.

LE COMTE, *affectant un air riant.*
Mon enfant, daignez, de grâce,
Daignez accepter ma main.

Il lui offre la main et se dirige avec elle vers la table. Coquerel à genoux la suit, toujours caché derrière sa robe. En passant devant la table, il se blottit dessous, en vue du spectateur. Le comte est au milieu, Angélique à sa droite, Mme Bergamotte à côté de sa fille, Coquerel dessous la table, mais du côté de sa femme et à ses pieds.

LE COMTE, *à Angélique et à Mme Bergamotte.*
Et tous les trois prenons place
A cet aimable festin!

Ils s'assoient tous trois. Des demoiselles de boutique montent par l'escalier tournant. Elles placent sur la table des bonbons et différens plats de dessert ; puis elles restent pour servir.

ANGÉLIQUE, *regardant avec inquiétude.*
Qu'est donc devenu mon mari?
Il disparaît toujours ainsi!

Coquerel, sous la table, la tire doucement par sa robe ; elle pousse un cri.

Ah!

LE COMTE, *vivement.*
Qu'avez-vous donc?

ANGÉLIQUE.
Rien.

Regardant autour d'elle et voyant une demoiselle qui place une jatte de crème sur la table.
La crainte
Que ce plat ne fût renversé!

LE COMTE, *à table et regardant Angélique.*
Quel doux moment!

ANGÉLIQUE.
Quelle contrainte!

LE COMTE, *à part.*
Malheur à ceux qui m'auront offensé!
Pour commencer, et dans ma rage extrême,
Désignant Angélique.
Vengeons-nous sur celle qu'il aime!

LE FIDÈLE BERGER.

ENSEMBLE.

ANGÉLIQUE, *à part.*
Il garde le silence !
Et pourtant en ces lieux
Je crois, en conscience,
Qu'on me fait les doux yeux !

LE COMTE, *à part.*
Oui, vengeons mon offense,
Et près de ses beaux yeux
Je sens que la vengeance
Est le plaisir des dieux !

COQUEREL, *à part.*
O comble de souffrance !
Montrant au-dessus de sa tête.
Là-haut... ils sont tous deux !
Et c'est en ma présence
Qu'il lui fait les doux yeux !...

SCÈNE XIII.

LES MÊMES, DES DEMOISELLES DE BOUTIQUE *paraissant à la porte du fond avec* SERREFORT.

LES DEMOISELLES, *à Serrefort.*
Entrez ! entrez !... monseigneur est ici,
Et puisque vous voulez lui parler... le voici !

LE COMTE, *à Serrefort, à mi-voix, avec colère.*
Eh bien ! ton prisonnier ? il a fui !

SERREFORT, *d'un air pénétré.*
Il est mort !...

ANGÉLIQUE.
Mort !...

LE COMTE.
Mort !...

Mme BERGAMOTTE.
Mort !...

SERREFORT.
C'est un accident terrible !

TOUS.
Mort !... mort !... mort !...

LE COMTE.
Non, vraiment, c'est impossible.
Mort !... mort !... mort !...
Je ne puis le croire encor.

LES DEMOISELLES, *à Serrefort.*
Monsieur Coquerel est mort ?

SERREFORT.
Monsieur Coquerel est mort !

LES DEMOISELLES.
Vous êtes sûr qu'il est mort ?

SERREFORT.
C'est un coup fatal du sort.

TOUS, *excepté Angélique et* Mme *Bergamotte.*
Mort !... mort !... mort !...
Je ne puis le croire encor.
Il est mort ! il est mort !

COQUEREL, *sous la table.*
Je suis mort ! je suis mort !

LE COMTE, *secouant la tête d'un air d'incrédulité et regardant tour à tour Angélique et Serrefort.*
Il n'est plus ! ah ! c'est bien étonnant !...

ANGÉLIQUE *vivement, et pour le détourner de ses pensées.*
Monseigneur
Voudrait-il me donner à boire ?...

LE COMTE, *étonné.*
Quel sang-froid !...

COQUEREL, *sous la table.*
Imprudente !...

LE COMTE, *regardant toujours Angélique d'un air de doute.*
Ah ! vraiment sa douleur
Se dissipe plus tôt que je n'osais le croire !

En ce moment, la comtesse, avec le tablier vert et habillée comme les demoiselles de boutique, paraît au haut de l'escalier, suivie de Dubois ; elle se mêle parmi les demoiselles qui servent à table.

SCÈNE XIV.

LES MÊMES, LA COMTESSE, DUBOIS.

LE COMTE.
Aux veuves qui gaîment savent se consoler...

Tendant son verre par-dessus son épaule.
Je veux boire aussi !...

La comtesse s'avance, prend une bouteille sur la table et remplit le verre du comte, qui lève alors les yeux sur elle et demeure interdit. Le verre remue dans sa main vacillante ; il s'écrie :
Dieu !...

ANGÉLIQUE.
Qu'a-t-il donc à trembler !

LA COMTESSE.
En bas, monsieur le comte, attend votre voiture...

LE COMTE.
C'est elle !...

ANGÉLIQUE.
La comtesse !

LA COMTESSE.
Oui, je viens comme vous
Pour venger aussi mon injure !
Car hier, à Chaville, un certain rendez-vous !...
Dans la nuit...

LE COMTE.
C'était elle...

LA COMTESSE.
Auprès de mon époux !
Pour expier un pareil tort,
Il faut rendre un époux à cette jeune femme.

LE COMTE, *d'un air pénétré.*
En vain je voudrais, madame ;
Mais, hélas ! il est mort.

LA COMTESSE.
Mort !... mort !... mort !...
La nouvelle est impossible.

LE COMTE.
C'est un accident terrible.

LA COMTESSE.
Il est mort ! il est mort !

COQUEREL, *sortant de sous la table.*
Non, je ne suis pas mort !...

CHOEUR GÉNÉRAL.
Ah ! c'est de la magie !
O miracle enchanteur !
Il } retrouve la vie,
Je }
Sa } femme et le bonheur.
Ma }

COQUEREL, *étonné, regardant la comtesse.*
Mais qui donc êtes-vous ?
LA COMTESSE.
La demoiselle de boutique
Qui, pour vous préserver des lettres de cachet,
Vous apporte ici le brevet
De confiseur de la reine.

COQUEREL.
Qui, moi ? breveté de la reine...
Je pourrai, protégé par sa main souveraine,
Époux et confiseur, exercer sans danger,
Et redire à la France ainsi qu'à l'étranger :

A plaire à chacun je m'attache ;
Mais pour débiter en ces lieux
Et la praline et la pistache,
Il nous faut des chalands nombreux ;
De mon enseigne souveraine
La vertu doit me protéger :
Jeune parrain, jeune marraine,
Venez au *Fidèle Berger* !

VARIANTE.

TRIO.
COQUEREL.
Permettez, je vous en conjure,
Qu'avant ce mariage-là
Je connaisse au moins ma future.
LE COMTE.
C'est juste !... et qu'elle viendra...
COQUEREL.
Je veux la voir !...
LE COMTE.
Et pourquoi faire ?
COQUEREL.
Pour me donner un peu de cœur,
C'est bien le moins !
LE COMTE.
Mais, au contraire,
Douter est encore un bonheur !
COQUEREL.
Je vois d'ici ce monstre épouvantable,
A l'œil louche, à l'affreux regard !
Le nez crochu ! le teint d'un diable
Et la douceur d'un léopard !
LE COMTE.
Entends-tu dans la cour entrer une voiture...
COQUEREL, *tremblant.*
Ah ! voici l'instant du danger !
LE COMTE.
De son air et de sa figure
Tout-à-l'heure tu vas juger.
SERREFORT, *à part et riant.*
Il tremble de l'envisager.
LE COMTE, *s'approchant de la croisée à droite.*
Tiens, d'ici... par cette fenêtre,
Dans un instant on va la voir paraître !
COQUEREL.
Hymen, cache-moi ton flambeau,
N'éclaire pas cette entrevue !...
Je suis sûr qu'après l'avoir vue,
Je vais regretter mon bandeau !
ENSEMBLE.
COQUEREL.
Je frémis !... je tremble !
Que vais-je donc voir !

L'avenir me semble
De plus en plus noir ! .
Affreuse tournure,
Visage effrayant :
Telle est la future
Dont la main m'attend.
LE COMTE *et* SERREFORT.
Il frémit !... il tremble
De ce qu'il va voir !
L'avenir lui semble
On ne peut plus noir.
Affreuse tournure,
Visage effrayant,
Telle est la future
Que son cœur attend.
SERREFORT, *qui est le plus près de la fenêtre à droite, s'en approche, en disant :*
Ma foi... voyons !...
COQUEREL, *à part*
O funeste bonheur !
LE COMTE, *à Serrefort qui regarde.*
Hein !... qu'en dis-tu ?
SERREFORT, *stupéfait.*
Comment !... c'est elle !
LE COMTE.
Précisément !... voici la belle !
SERREFORT, *à part.*
Angélique ! grand Dieu !...
COQUEREL, *montrant Serrefort.*
Il est pâle d'horreur !...
Un exempt de police !... eux qui n'ont jamais peur !...
ENSEMBLE.
COQUEREL, *montrant Serrefort.*
Il frémit !... il tremble !... etc.
LE COMTE, *montrant Coquerel.*
Il frémit , il tremble !... etc.
SERREFORT.
Je frémis ! je tremble !...
Que viens-je de voir ?... etc.
COQUEREL, *s'approchant de Serrefort en tremblant.*
Vous avez vu !
SERREFORT.
Que trop, hélas !

COQUEREL.
Qu'en dites-vous ?
SERREFORT.
Qu'en puis-je dire ?
COQUEREL.
Là, franchement !
SERREFORT, *vivement et à voix basse.*
N'épousez pas !
COQUEREL.
Mais la prison ?...
SERREFORT.
L'hymen est pire !
COQUEREL, *à part.*
Mon bon ange ! qu'ai-je entendu ?...
De faire trembler c'est capable !
Pendant ce temps il s'est approché de la fenêtre.
Voyons donc !... elle a disparu !...
Mais elle doit être effroyable !

ENSEMBLE.
COQUEREL.
O providence des époux !
A qui vais-je enchaîner ma vie !
Ah ! si jamais l'hymen nous lie,
Je ne ferai pas de jaloux !
Oui, près de femme aussi jolie
Je ne ferai pas de jaloux !
LE COMTE.
O providence des époux !
C'est à toi que je me confie !
Quand c'est un autre qu'on marie,
L'hymen est un lien si doux !

SERREFORT.
O Providence des époux !
Quand ma future m'est ravie !
Viens déjouer leur perfidie,
Viens m'aider à braver leurs coups.
LE COMTE, *à Coquerel.*
Je vais ordonner sans retard
Ton hymen, et puis ton départ !
COQUEREL.
Ne vous pressez pas !
SERREFORT, *à part.*
Dieu ! que faire ?
Quelle idée !... oui, morbleu ! je n'ai que ce moyen
Pour sauver mon amour et me tirer d'affaire !
LE COMTE, *à Coquerel.*
Dans un instant... près de toi je reviens !
A Serrefort.
Jusqu'à Rouen vous servirez d'escorte
Au confiseur !... Allez en prévenir vos gens !
SERREFORT, *à part.*
Ah ! si je peux gagner du temps !
COQUEREL, *à part.*
Ah ! si je peux gagner la porte.

ENSEMBLE.
COQUEREL.
O providence des époux ! etc.
LE COMTE.
O providence des époux ! etc.
SERREFORT.
O providence des époux !

Le comte sort par le fond et Serrefort par la droite.

FIN.

LE FIDÈLE BERGER,

OPÉRA COMIQUE EN TROIS ACTES,

PAR MM. SCRIBE ET DE SAINT-GEORGES;

MUSIQUE D'AD. ADAM.

CATALOGUE THÉMATIQUE

DES

MORCEAUX DÉTACHÉS, AVEC ACCOMPAGNEMENT DE PIANO,

Par V. Cornette.

		F.	C.
Ouverture........		5	»
N° 1	Chœur. Préparons, jeunes amies..	3	75
N° 2	Romance. Je suis Marraine.....	2	»
N° 3	Ronde. A plaire à chacun.....	3	»
N° 3 bis	Idem, à voix seule, idem......	3	»
N° 3 ter	Idem, transposée en ré, idem...	3	»
N° 4	Chœur. Pour nous quelle bonne aubaine...........	3	75
N° 5	Grand Air. Amour, viens, je t'implore...........	6	»
N° 6	Trio. Prenez un peu de patience..	7	50
N° 7	Quatuor. Oui, monseigneur....	5	»
N° 8	Air. Oui, ces cachots......	4	50
N° 9	Trio. Ô providence des époux...	4	50
N° 10	Duo. Il est aimable et tendre....	6	»
N° 11	Couplets. Sa boutique est près de la nôtre...........	3	»
N° 12	Couplets. Écoutez donc les calomnies...........	2	»
N° 13	Duo. Dans l'ombre et le mystère..	4	50
N° 14	Grand Air. De Saint-Jacques j'entends l'horloge........	6	»
N° 15	Trio. Peut-on savoir, monsieur...	7	50

		F.	C.
N° 15 bis. Duo. Peu-on savoir, monsieur...		5	»
Extrait du Trio........			
N° 16 Quatuor. Mort! mort! mort! mort!		2	50

MORCEAUX DÉTACHÉS,

AVEC ACCOMPAGNEMENT DE GUITARE :

N° 2, n° 3, n° 3 bis, n° 3 ter, n° 5, n° 8, n° 10, n° 11, n° 12, n° 13, n° 14, n° 15 bis.

	F.	C.
Grande Partition...........	150	»
Parties d'Orchestre.........	150	»

P. MUSARD.

	F.	C.
2 Quadrilles pour le Piano, avec accompagnement de Flûte, Violon, Flageolet et Cornet, ad libitum, chaque........	4	50
Idem, à quatre mains..........	4	50
Idem, à grand orchestre.......	9	»
Idem, en quintetto, pour deux Violons, Alto, Basse, Flûte ou Flageolet, et Cornet, chaque.	4	50
Les deux ensemble pour deux Violons, deux Flûtes, deux Flageolets, deux Cornets, chaque........	4	50

Imprimerie de V° Dondey-Dupré, rue Saint-Louis, 46, au Marais.

www.ingramcontent.com/pod-product-compliance
Lightning Source LLC
Chambersburg PA
CBHW060601050426
42451CB00011B/2030